リサ・ジョンソン＋アンドレア・ラーニド【著】
飯岡美紀【訳】

「あからさま」から
Don't Think Pink
「さりげなく」へ

女性に選ばれるマーケティングの法則

ダイヤモンド社

DON'T THINK PINK:

What Really Makes Women Buy-And

How to Increase Your Share of This Crucial Market

by

Lisa Johnson and Andrea Learned

Japanese translation published by arrangement with AMACOM,
a division of the American Management Association,
International through The English Agency (Japan) Ltd.

発刊によせて

一〇年以上前、老犬用ドッグフードの新ブランドのフォーカス・グループ・インタビューに参加したときのこと。依頼主のペットフード会社が知りたがっていたのは、女性たちがその商品パッケージに魅力を感じるか、スーパーの棚で目を留めてくれそうか、といったことだった。

女性をターゲット顧客として認識していたこの会社は、ある意味時代を先取りしていたと言える。ところが、である。ことパッケージに関しては陳腐で古臭い発想にとらわれたまま。袋の色は、悪趣味なパステルピンクだったのだ。「女性はこういうパッケージ・カラーに親しみを感じるでしょうか」と司会者が尋ねる。「うーん、感じませんね」。私たちは首を横に振った。

本書では、この種のあからさまなステレオタイプを「ピンクの発想」と呼んでいる。マーケターは往々にして、時代遅れの思い込みを頼りに判断を下しがちである。女性という、今最も成長著しい消費者セグメントにアピールしようと、安易にパステルカラーや花模様のパッケージにしたり、通常の製品のライト・バージョンを生産したりするのだ。

今や女性たちは年間二兆ドルを消費している。だが、自分たちのニーズに応えるブランド名を挙げられる女性はごくわずか。皆さんは、そこにチャンスを感じないだろうか？

近視眼的なマーケティングは大きなチャンスを逃す。女性の社会的役割も経済への影響力も大きく変化している。だから、マーケティングのアプローチも変わらなくてはならないのだ。大事なのは、女性の感性に訴えることではない。そんな努力は表面的なものにすぎない。むしろ必要なのは、女性の購買意欲をかきたてる、もっと巧妙で洗練されたアプローチである。

本書には、「ピンクの発想」を乗り越えて大きな成長を遂げるための指針が示されている。社内を説得し、女性顧客のニーズを満足させるキャンペーンの構築方法など、実践面でのガイドも充実している。これを機にぜひ、「ピンクの発想」から脱却し、女性市場で勝利の栄光を手にしてほしい。

二〇〇四年六月

『マーケティング・プロフス・コム』編集長　アン・ハンドリー

はじめに

現代の消費活動の約八〇％は女性が担っている（あるいは女性の影響を受けている）。そう聞いても今さら驚く人はいないだろう。だが、この情報を有効活用している人はどれくらいいるだろう。

本書では、女性の購買プロセスのあらゆる段階を見直す方法を紹介する。女性の脳の働きや購買行動に影響する要因をつかむことはもちろん大切だが、とりわけ難しいのは、永続的な関係性を築くことだろう。これまでのマーケターは、データの読み方やフォーカス・グループの実施方法を叩き込まれており、「お客様は常に正しい」と言いながらも、製品主導のマーケティング戦略を展開しようと試みてきた。だが、女性たちの日常会話で話題に上りたいのなら、彼女たちの事情に根ざした視点から課題を検証し直さなければならない。

自社製品の本当の買い手は誰なのか、選ばれる理由は何か、購買するとき顧客の生活で何が起きているのか、自社の顧客サービス担当者と接してどう感じたか。これらに対する感受性は、時間とともに薄れるおそれがある。本書では基本に立ち返り、戦略策定プロセスを考え直す。

たとえば、顧客の中心層が二五～四五歳の高学歴女性であることがデータから判明したとしても、それだけで戦略の方向性を決めることはできない。もっと深く掘り下げ、こうした女性たちがどんな役割を果たし、どのライフステージにあり、どんな文化的体験に影響されているかといったことを詳しく調べる必要がある。

こうしたことは何も女性に限ったことではなく、どんな顧客層を相手にマーケティングをする場合でも当てはまる。大切なのは、自社の顧客のタイプやプロフィールを理解することだ。そうすることで、自社ブランドを顧客にとって最も適切なところに位置づけてもらう。必要なときにすぐ思い出し、買ってもらえるようにするのだ。

女性の視点で自社ブランドを検証すれば、男性向けの製品・サービスやマーケティングにちょっと手を加えるぐらいでは通用しないことがわかるはずだ。共感を呼ぶ製品・サービスを開発し、信頼を高めるには、まず会話を始めることだ。改めて心を通わせるうちに、改善の糸口は見えてくる。本書でそうした視点をぜひ、培ってほしい。

二〇〇四年六月

リサ・ジョンソン
アンドレア・ラーニド

女性に選ばれるマーケティングの法則

消費の「真の決定者」を動かす3つのアプローチ

目次

女性に選ばれるマーケティングの法則

消費の「真の決定者」を動かす3つのアプローチ

第1章

究極のステレオタイプ

なぜ企業は、一〇代の男の子みたいな対応しかできないのか

かつて女性の購買力や影響力は、ほとんどの企業から無視されていた。しかし今や、女性が大きな経済力を持ち、市場を大きく変貌させていることは証明されているし、ここ数年は、そんな女性たちを企業が必死で追いかけている。空前のマーケティング機会をとらえ、何兆ドルという賞金を手にするには、成功を阻む最大の壁――「ピンクの発想」と呼ぶ――を乗り越えなければならない。ピンクの発想とは偏狭で画一的な見方のことであり、女性に対してだけでなく、マイノリティに対しても見受けられるものである（コラム参照）。

Column

ステレオタイプの発想

　ステレオタイプの発想が見られるのは女性市場に限らない。大きな利益が見込まれるほかの市場セグメントにも、同様の課題と機会がある。

「老人扱い」発想：「永遠の青春」を謳歌する定年間際のベビーブーマーたちは「老人扱い」を拒絶する。彼らのロイヤルティ（忠誠心）と好意と購買力を手に入れたければ、自社のアプローチを見直す必要がある。台所・浴室設備メーカーのコーラー社は、従来品より座面の高い便器、入りやすいバスタブなど、老いを迎えた人のニーズを考慮しつつ贅沢感のある新製品を、シニア向けと銘打たずに発売した結果、ベストセラー商品となっている。

「子供扱い」発想：今どきの「トゥイーン」（8～12歳）は博識で好みもうるさく、最も洗練された消費者層の一つである。しかし、マーケターは自分の子供時代の経験をもとに、時代遅れの調査手法を用いてきた。トゥイーンに子供だましは通用しない。ＩＴ企業はトレンドセッターであるこの層をターゲットに革新的製品をいち早く開発し、心をつかもうとしている。ファッション業界は、大人と同じファッションの小型版を求めるトゥイーンのニーズに、必死で追いつこうとしている。

「50年代の理想のママ」発想：「50年代の理想のママ」発想は、50年代にヒットしたテレビ番組『ビーバーちゃん』に登場する専業主婦、クリーバー夫人を理想像とするようなものだ。かつての働く女性は、この発想を受けてスーパーママを目指し、同時に職場でも新たな機会を切り開いた。だが、21世紀の女性たちは、無理なことは無理と開き直り、無謀な高望みを捨て、今の環境でできる生き方をする。ダッジキャラバンの広告「『専業主婦のママ』なんて考え出したのは、どこのバカ？」や、ＡＴ＆Ｔの「働くママはビーチでもつながっている」は、今の母親たちの共感を呼んでいる。

ピンクの発想――究極のステレオタイプ

ピンクの発想を理解するには、三五年の時をワープして現代に現れた人々を巡る奇想天外なコメディー映画『タイムトラベラー　きのうからきた恋人』（一九九九年）を観るのが早いだろう。そのあらすじはこうだ。

舞台は一九六二年のロサンゼルス。カリフォルニア工科大学の優秀な研究者カルビン・ウェバーと妻ヘレン（クリストファー・ウォーケンとシシー・スペイセク）は自宅でカクテルパーティを開いている。カルビンの奇才ぶりを小声でささやく客人たち。突然、テレビにケネディ大統領が現れ、キューバに配備されたソ連のミサイルがアメリカを狙っていると発表する。カルビンは慌てて客を追い帰し、妊婦の妻をエレベータに乗せて地下へと急ぐ。そこには、水槽で魚が繁殖し、邸宅がガーデンチェアに至るまでそっくり再現された、驚くべき核シェルターがあった。

カルビンは数年前から核戦争を予期して、このようなシェルターをつくっていたのだった。見事な先見の明だが、核戦争が起こる代わりに、運悪く飛行機が彼の家に墜落してしまった。

エレベータ・シャフトを伝って炎が追ってくるのを見て、カルビンはてっきり戦争が始まったと思い込む。彼は鉄の扉を閉めると、鍵は今後三五年間、「嫌でも逃げ出せないよう」開かない仕組みになっているとヘレンに告げる。地下深く密閉された空間では、何一つ変化しない。フィルム録画された古いテレビ番組を見て、昔ながらのツナ・キャセロールを食べ、息子のアダムを自分たちの世代の理想に沿って育てていた。

一家が「タイムカプセル」で暮らす間、地上はすっかり別世界に変わってしまう。三五歳になった息子のアダムは、食糧を補給し、戦争による地上の荒廃ぶりを探るため、思い切って地上に出た。六〇年代で止まったままの彼の振る舞いは、九〇年代の人々を驚かせ、戸惑わせるのである。

女性の社会的役割と経済的影響力の変わりようは、タイムカプセルにこもったままの企業に不意打ちを食らわせている。古びたデータや思い込み、ステレオタイプ（パステルカラーや花柄、既存製品のライト・バージョンといった発想）に基づいて、「ピンク」の製品・サービスやマーケティング・キャンペーンを生み出していたのでは、今どきの女性の心はつかめない。ピンクの発想のままでは、どんなに努力しても失敗に終わるだろう。

『アドバタイジング・エイジ』誌のジャーナリスト、ヒラリー・チュラは、もっと洗練されたアプローチを採るよう呼びかけ、こう記している。

「アメリカの人口の五一％は女性が占めるというのに、マーケターたちは高校のダンスパーティにやってきた緊張気味のティーンエージャーの少年みたいに、女性に話しかけるきっかけをつかめずにいる」

女性が毎年二兆ドル以上を消費する昨今、手間ひまかけて女性を正しく理解した企業だけが、飛躍的な成長のチャンスと何百万ドルもの売上げを手にできる。ピンクの発想とは、特定の態度や行動を指すものではない。いわば収益低迷と機会損失をもたらすレシピなのだ。

【ピンクの発想 レシピ】

時代遅れの思い込みや情報……一さじ
もはや通用しないステレオタイプ……二さじ
人材と予算の不足……一さじ
新しいアイデアへの社内の抵抗……二さじ
男性を遠ざけ、手痛い過ちを犯すことへの不安……三さじ
パステルカラー、蝶々、ハート、花……たっぷり
善意と誠意……少々

他部門と混ぜたり、くっつけたりしないこと。盛り付けて女性顧客にどうぞ。

ピンクの発想でキャンペーンを施されると、多くの女性は小馬鹿にされたような気分になる。だが、誤解しないでほしい。企業がわざと女性を見下したり、疎外したりしているわけではないことはわかっている。私たちもマーケティング・コンサルタントとして、数多くの企業がチャンスに気づきながら、女性市場でシェアを伸ばす戦略を立てられずにいる姿を見てきた。

今や市場は変化した（コラム参照）。女性顧客のニーズを満たしたいと本気で思い始めた企業はぜひ、ピンクの発想を克服してほしい。

真実に迫るための一〇のステップ

ピンクの発想は組織の中で生まれ、女性をターゲットとした製品、広告、マーケティング計画を通じて市場に表現される。以下に述べる一〇のステップは、企業がピンクの発想を乗り越え、ブランド・リーダーの地位を築くためのアプローチである。女性コミュニティへの深い知識と関与と理解を反映したブランドを生み出せれば、女性たちは努力の本気さに報いて、財布を開いてくれるだろう。

Column

女性はいかに経済の担い手となったか

企業への進出：第二次世界大戦中、多くの女性が戦争準備のために初めて労働力に加わった。家庭外で働く喜びに目覚めた女性たちは、60～70年代には各種の運動を通じて自由を手に入れ、大規模な社会進出が始まる。また、経口避妊薬（ピル）によって、子供を産むかどうか、産むならいつにするかの選択権が手に入り、企業における女性の役割を大幅に拡大させた。

企業オーナーとなる：全国の女性オーナー企業の売上高は1997～2002年の間に40％増えて1.5兆ドルに迫り、女性オーナーは実業家層のなかでも最も成長が著しい。アメリカ国勢調査局によれば、2002年時点の総従業員数は920万人近くに上る。米中小企業局の報告では、これら企業の総売上高は多くの国の国内総生産を上回り、アメリカ経済に年間2兆3800億ドルの貢献を果たしている。これは一時的なトレンドではない。『ワーキング・マザー』誌は、女性オーナー企業は男性の2倍のペースで増えており、今後も伸び続けると見ている。

女性による投資：株式市場に投資する女性が増えている。全米証券業者協会によると、投資家全体に占める女性の割合は今や47％に達し、新規株主および潜在的株主の50％、投資信託や株式を5万ドル以上所有する投資家の35％が女性だという。「へそくり」の現状は今やここまできている。

独身女性が生む新たな消費力学：女性の70％が成人後に1回は一人で生計を立てる。離婚率の高さ、結婚しない女性の増加、女性の平均寿命の長さ（妻は夫より6年以上長く生きる）などの要因がこの傾向に拍車をかけている。女性は収入が増えただけでなく、経済に影響を及ぼせる期間も長いのだ。

①女性の経済力を理解する

今や女性たちは年間一兆ドルを稼ぎ出している。過去三〇年間、男性の平均所得が横ばいなのに対し（インフレ調整後の増加率は〇・六％）、女性の平均所得は六三％（インフレ調整後）という劇的な伸びを示している。この所得増は一つの大きな事件の結果ではなく、職場や家庭、生活における一連の変化によって促されてきた。主な要因を挙げてみよう。

賃金格差の縮小：男女間の賃金格差は急速に縮小し、女性の所得は男性の所得に近づいている。男性の賃金を一ドルとした場合、フルタイムで働く女性の平均賃金は今や七六セントである。若い世代ではこの傾向が特に顕著で、男女差はわずか数セントと、全世代を通じて最も小さい。九八年には、男性の賃金を一ドルとしたときの女性の賃金は、二五〜三四歳で八三セント、一九〜二四歳では八九セントとなっている。

高学歴化：大学卒の学歴が、高収入の専門職や管理職への女性の進出を促していることは周知の事実だ。学士号取得者の過半数（五七％）が女性であり、法学修士号の五〇％、ＭＢＡの四〇％、医学博士号の四六％を女性が占めるなど、修士号以上を目指す女性も記録的に増えている。これを見れば、女性の所得が伸びているのもうなずける。

世帯収入：今やアメリカでは、女性が世帯収入の半分以上を稼ぐ世帯が過半数を占めている。国勢調査によると、全世帯の五五％を占める既婚夫婦世帯で、働く妻の四八％が世帯収入の半分以上を稼いでいるのだ。一方、今日のアメリカには未婚の女性も多く、その影響も見過ごせない。実際、アメリカの全世帯のうち二七％は未婚女性が世帯主で、世帯収入のすべてを稼いでいる。世帯収入に対する女性の影響については、もう一つ驚くべき統計結果がある。フォーチュン五〇〇社で副社長以上の肩書きを持つ既婚女性幹部のうち、七五％が夫より高収入で、世帯収入の平均六八％を稼いでいるのだ。

企業オーナー：世帯収入への女性の貢献度が急増した背景には、大学卒以上の学歴を活かして自ら事業を始めたり、企業を買収する女性が急増していることもある。実際、アメリカの企業の四〇％は女性が所有している。八七～九九年の間に、女性が所有する企業の数は一〇三％伸びている（この増加率は全国平均の一・五倍に相当）。さらに、女性の雇用水準は三二〇％、女性の所有する企業の収益に至っては四三六％の伸び率となっている。これらが給与や資産総額の上昇につながっていることは言うまでもない。

資産の増加：資産総額が六〇万ドルを超える世帯のうち、約四〇％は女性が世帯主となっている。女性はアメリカ国内個人資産の五一％を所有し、ひそかに同国の資産保有者の過半数を占めている。また、シニア世代やベビーブーマー世代の女性たちは、統計的に見て配偶者や男兄弟より寿命が長く、両親からの資産相続でも大きな恩恵に浴している。裕福な女性の数は今後も増す一方と見られ、二〇一〇年までには、個人資産総額の三分の二を女性が占めるようになると見られている。

②女性の購買力に目覚める

所得向上にも増して大きな影響力を持つのが、女性の家庭や職場における購買力だ。女性の年間所得合計額が推計約一兆ドルであるのに対し、女性の購買力は合計二兆ドルを上回ると見られている。

家庭の買い物担当者：支出の大部分を女性が担っていることは、考えれば誰にでもわかることだ。個人消費支出のおよそ八〇%を女性が占めるという、数字的な裏づけもある。センター・フォー・ウィメンズ・ビジネス・リサーチの調査によると、働く女性（勤め人および起業家）は世帯内の主な意思決定者であり、購入決定の九五%を下している。旅行の意思決定者の七〇%、家電製品購入者の五七%は女性であり、新車の五〇%を購入し、自動車の総販売台数の八〇%に影響を及ぼしている。しかも、アメリカ国内で振り出される個人小切手一〇枚のうち八枚を女性が振り出している。今日、多くの世帯では、女性が自分の給与だけでなく、夫の給与の大半をも牛耳っているのだ。

企業の購買担当者：企業で働く、あるいは企業を所有する女性が増えているということは、女性の購買力が家庭内にとどまらず、企業の支出にも及んでいることを意味する。業務用品メーカーは、購買部門のマネジャーや担当者の五一％が女性であることに気づきつつある。また、人事部門の幹部はたいてい女性で、高額の保険契約や退職年金制度など、企業金融サービスの主な意思決定を行うのも彼女たちだ。

事務部門のマネジャーもまた、自社が購入する消耗品やサービスの選択権を持っている。配送会社ＵＰＳが最近行った広告キャンペーン「ブラウンがあなたにできること」は、同社のサービスを選択・利用する主な意思決定者が女性の事務部門マネジャーだという現実をうまく突いている。

③独自のデータを集める

今日、女性は多くの企業にとって顧客の大部分を占める存在だ。つまり、女性の嗜好に焦点を合わせる努力は、売上げや市場シェア、利益を劇的に伸ばす可能性を秘めた大仕事なのだ。

これまで社会的、歴史的変化を詳しく述べてきたのも、ターゲット市場のプロフィールが常に変化していることを証明し、製品・サービスの本当の購入者は誰で、その理由は何かを調査する（そして予算を追加する）必要性を裏づけるためである。

男性ばかりに目を向けていた多くの企業にとって、女性が購買力を持つなど寝耳に水だった。各製品の売行きを本当に左右しているのは誰か、最終的に財布を開くのは誰かをしっかり把握するためにも、独自のデータを集める必要性がこれまでになく高まっている。

ある信用組合（社員数九万三〇〇〇名、年間売上げ一〇億ドル）では、組合員を対象とする調査を三年ごとに実施してきたが、その甲斐はあったと、あるマネジャーは語る。というのも、二〇〇〇年までは毎回、同じ調査結果の繰り返しだったのだが、この年を境に平均的な組合員像が一変し、五三歳の既婚男性から四六歳の働く独身女性にシフトしたというのだ。

あのトム・ピーターズも「ウィメン・ロア」（女性たちがほえる、の意）というライブ番組で、主要顧客層が女性にシフトしていることに目覚めた典型的な企業を紹介している。乗用型の芝刈り機の製造販売会社オーナーが社内調査の結果を見たところ、自社製品の購入者の八〇％が（男性でなく）女性だと気づいて慌てた、とのことだ。

ここ数十年、男性から女性に経済力がシフトしているにもかかわらず、多くの企業はまだ、ようやく変化に追いつこうとしているのが現状だ。変わるなら、今しかない。

社内調整しやすいデータづくりのポイント

顧客へのアプローチを変える必要性を社内で証明する際は、意見や思い込みではなく、事実を根拠とした確固たる調査結果を用意することが重要だ。同僚にインパクトを与えるためには、データの加工も必要かもしれない。社内の人間が集めたデータや、自分たちの業界やブランドに固有のデータしか信用しない人も多い。また、マーケターや営業担当者に機会の大きさを実感させるには、彼らが見慣れた形で示す必要がある。そうでなければ、説得することなど無理である。

できれば社内データを使用し、性別で分け、「いつもの形式」に加工して、女性市場の機会を示すことが重要だ。相手が数字や統計に慣れているのなら数字で、棒グラフのほうがピンとくるようなら棒グラフにする。ちょっとした気配りによって、相手の理解度が格段に上がるといったこともよくあるからだ。

自分で集めたデータであっても、女性顧客の経済的影響力の実態を浮き彫りにするのはなかなか難しいものだ。買い替えのための下調べをしたり実際に購入したりするのは女性でも、支払いには夫のクレジットカードや夫名義の口座を利用する場合も多いからだ。一般には、自社ブランドにとっての重要性が感じられるよう統計数値を再構成し、マクロレベルの調査結果を具体的な戦略的考察や行動ポイントに落とし込むことをお勧めする。

④女性向けマーケティングを特別扱いしない

マーケティング部門に閉じこもらず、女性の嗜好や購買行動に関する知識を組織全体に広げよう。つまり、「女性プロジェクト」などという特別扱いには「ノー」と言うべきなのだ。女性はニッチではなく、実はさまざまな形でセグメント化できる巨大市場だ。多くの企業にとって、女性とその多様な購買行動こそが市場であり、実質的にブランドの成否を決める。

女性向けマーケティングをうまく社内に浸透させている組織の好例が、プロクター&ギャンブル（P&G）だ。同社は女性が主要顧客であることにいち早く気づき、業界の先頭を切って、サンプル配布計画やホームページ、新製品デザインを女性向けに刷新している。

反対に、金融サービス、医療、自動車メーカーなど、歴史的に男性重視の業界は、女性重視の視点を組織内に根づかせる方法を未だに模索している。こうした努力に成功したのが、ワコビアの女性向けファイナンシャル・アドバイス・サービス担当上級副社長、デブラ・ニコルズだ。ニコルズは、社内各部門の女性顧客に対するコミュニケーションやサービスを継続的に監査し、改善を指導している。ニコルズが経営陣の一人であり、経営トップから全面的な支援と使命を受けていることもあって、どの部門も彼女の判断を真剣に受け止めている。

ニコルズは、男性重視の伝統を持つ大規模業界での経験を踏まえ、独立した女性向けマーケティング部門を新設するより、既存の業務目標に女性という切り口を取り入れるべきだと促す。ワコビアでは、これらの実施コストを別枠で全体予算に加えるのではなく、通常の活動コストの中に組み込まれているという。

「新たな女性プロジェクトのために別途予算を確保しようとすると必ず問題が生じるし、そうした組織の必然性を数字で正当化するのも難しいでしょう。だから当社では、現在のような方法を採用しているのです」

ほかの金融サービス企業のなかには、ワコビアのような手法を試みたものの、肝心の社内支援が得られなかったために頓挫した例もある。さらに、責任者に役員の肩書きがなかったり、予算やスタッフが足りなかったりしたせいで、効力が薄れてしまったケースもある。他山の石としたい。消費財メーカーであれ、伝統的な男性重視の産業であれ、マーケティングの重点と予算を女性顧客にシフトした成功例を継続的に観察し、そこから学び続けることが重要だ。

⑤二つのアプローチを検討する

状況はすでに変化している。以前のアメリカでは、白人男性が国民所得の大半を稼ぎ出し、その使い道のほとんどを決めていた。その結果、大部分の販売キャンペーンが男性を想定して企画、実施されてきた。カネの行方を追うこと自体は、当時も今も意味のあることだ。

今日、カネの使い手である女性の心に訴えるには、どのようにアプローチを練り直せばよいのだろう。どこから手をつければよいのだろう。

最初の試みは、大真面目ではあったが感覚がずれていた。既存の製品・サービスやマーケティング素材を女らしくしたり、花柄に変えたりしただけ。微笑ましくはあるが、まさにピンクの発想だ。パステルカラーや感傷的すぎるコピー、感情移入できない登場人物や筋書きなど、ステレオタイプに基づく努力が失敗に終わるのは、女性顧客を理解していないからだ。女性専門のマーケティング会社であるWインサイト社のバネッサ・フレイタグ社長はこう語る。

「女性向けマーケティングに失敗すると、自社の方法に問題があったという事実に目を向けず、女性は生産的な市場ではないと決めてかかる企業が多すぎます」

真剣に行ったピンクの発想キャンペーンで惨敗したことで、世のCEOやマーケターの心には、女性重視の戦略に対する大きな不安が芽生えた。その失敗を受けて、今度は性別を問わないアプローチが登場。男女間の違いはさほどなく、仮にあっても異なるマーケティングを求めているわけではないと結論づけた。女性向けキャンペーンはターゲットの女性を侮辱するだけでなく、男性にまでそっぽを向かれるというのだ。

このように、キャンペーンや製品発売の枠組みづくりは、おそらく女性向けマーケティングのなかでも最も複雑で研究の遅れている面の一つだろう。ピンクの発想キャンペーンはしたくないが、女性たちはもっと自分のニーズに合ったアプローチを求めているはずだと考える企業には、どんな選択肢があるのだろう。以下の三つを検討してみてほしい。

①目に見えるアプローチ

製品によっては、言葉やイメージで、どこから見ても女性向けとわかるようにすべきものもある。ジレットの安全カミソリ「ヴィーナス」、女性の平均寿命や引退後の年数まで織り込んで退職後の生活資金を計算してくれるワコビアの女性向けオンライン・サービスなどは、目に見えるアプローチの成功例だ。詳細は第2章で説明する。

②透明なアプローチ

メッセージは女性のニーズに合わせて工夫しつつ、製品・サービスにはあえて女性向けのレッテルを貼らない手法である。控えめだが、より洗練されたこのアプローチを「透明なアプローチ」と名づける。

ホーム・デポやローズなどのホームセンターは好例で、さりげなく通路を広げ（女性はぶらぶら歩きながら下の棚まで見られるような広い空間を好む）、品揃えやディスプレーを変えている。こうした努力を「女性のため」と銘打ちはしないが、女性の嗜好が男性と異なることを認識している点で、性別を問わないマーケティングとは一線を画している。

二社とも透明な行動方針に則って顧客をより深く理解したうえで、フルサービスの提案や日曜大工好きの女性にアピールする製品・サービスを開発している。しかも、透明なアプローチで女性の高い期待に応えることで、男性顧客まで増えるという嬉しいおまけを得た。つまり、女性向けマーケティングは男性を疎外するという説は消えたことになる。

もう一つの成功例は、意外なことにスポーツ専門の大手マルチメディア企業、エンタテインメント・アンド・スポーツ・プログラミング・ネットワーク（ESPN）だ。明らかに男性がターゲットで、ユーモア、雰囲気、映像、内容とも完璧に男性仕様だ。同社は、雑誌、テレビ・ラジオ番組を「男性のための」と銘打ってはいないが、それでいて男性の興味や好み、プライオリティを満たしている。第3章ではESPNを考察しつつ、この手法の有用性を示す。

③混合型アプローチ

全体的なマーケティング努力は透明なままで、一部の製品や要素だけを目に見える形で女性ならではのニーズに合わせるものである。

ホーム・デポは、全体としては透明なマーケティングを行っているが、「女性の大工仕事」（ドゥ・イット・ハーセルフ）というワークショップでは、女性という要素を目に見える形で打ち出している。また、長年、健康にこだわったパンを製造してきたフレンチ・メドウ・ベーカリーは、女性特有の健康問題に応えるパン「ウーマンズ・ブレッド」を発売している（大きな要望に応えて、その後すぐ男性向けの「メンズ・ブレッド」も発売した）。

いずれも女性の心をつかむことに成功しているが、その最大の要因は、ブランド全体のポジショニングは変えず、特定のプログラムだけを変更したことだ。店の外へ飛び出し、「女性向けの店、女性客大歓迎！」と書いた看板を振りかざす必要はない。それよりも、製品やマーケティングへのアプローチを目に見えるものか、透明なものか、あるいは二つの混合型のうち最適なものにすることで、女性顧客が大事にされていると感じられる顧客体験を提供するほうが、はるかに効果的だ。

⑥女性の心に入り込む

女性と男性の思考回路は違う。両者の脳に生物学的、神経学的、行動学的な相違点が多々あることは証明されている。女性が部屋に入ったときにどれだけ多くの情報を取り込み記憶するかといったことから、言葉数が多く、人とのつながりをより多く求めるといった傾向まで、こうした違いにはさまざまなものがある。なかには些細なものもあるが、積もり積もれば、女性を特定のブランドに引きつけ、レジに向かわせる要因が、男性とはまるで違ってきても不思議はない。

買い物をするとき、多くの女性は生活を三六〇度見渡し、製品・サービスをその大きな構図の中に位置づけて評価する。買う前に、製品を試着したり、使ってみたり、味見したりする。また、買ったあと日常生活の中で他の製品にどう馴染むかを想像してみることも多い。女性は人から情報を引き出す名人なので、高価な買い物をするときには販売員との会話が増え、仲間や専門家からもより多くの意見を集める。

一日二四時間、年中利用できるインターネットは、女性にとって日常生活の道具であり、友人や助言者であり、買い物時間節約の心強い味方となっている。利用方法は明らかに男性と異なり、オンライン・ショッピングでは女性と男性の買い物の仕方が逆転、女性のほうが目的志向、時間節約型の行動を取ることもある。

女性の思考回路や買い物の仕方を理解して対応すれば、女性の嗜好を途切れることなく満たし、時間を無駄にする摩擦（長い行列、書類記入の重複、知識不足の販売員、情報不足）をなくすことができる。調査によると、女性の高い評価基準に基づいて顧客サービスを高める企業は、より直感に訴える購買体験をもたらすだけでなく、男性にとっても女性にとっても魅力が高まるため、結果として売上げが伸びるという。

こうした点を踏まえ、第4章では女性の心を科学的に検証し、購買行動をより詳しく学ぶ。

第9・10章では、女性のオンライン行動を解明し、ネットを効果的に活用して売上げを支えた成功例を紹介する。

⑦セグメント化と絞り込みで有望市場を明らかにする

アメリカ女性の職場体験はかつてないほど多様化している。今日の女性消費者は、さまざまな考え方や人生経験を持つ女性の集合だ。女性が一斉に家庭離れを起こす前に育った世代。社会進出の道を（しばしば多大な個人的、社会的犠牲を払って）切り開いたベビーブーマー世代。そして、苦労して勝ち取った労働や職業選択の自由を活かして活躍する新世代がいる。

それぞれの考え方が異なるのはもちろん、同じ世代でさえ、日々新たな下位集合が生まれている。たとえば、家庭で子育てに専念しようとするキャリアウーマンもいれば、結婚せず潤沢な可処分所得を手にしようとする若い女性もいる。また、未婚の女性が養子を取り、働きながら育てようとする場合もある。

過去五〇年間に、女性のチャンスは劇的に拡大した。その結果、嗜好も態度も驚くほど幅のある強大な市場が出現した。家庭や学校や職場での経験は、個々の女性のＩＴや金融に関する自信レベルや購買行動、支出パターンに影響を及ぼす。

女性を一まとめにして平均所得や平均支出を見る癖のある企業は、方向性を誤り、有望な成長セグメントの開拓に失敗しかねない。ある個人資産管理会社を例に取ろう。同社はアメリカ女性の平均所得を取るに足りない額と見ているが、さらに細かくセグメント化すれば、同社のサービスにふさわしい高額所得層の存在が明らかになるはずだ。

彼女らが資産運用にどの程度の自信を持っているかを調べると、半数近くが投資にためらいを感じており、従来の証券会社のサービスでは満たされていないことがわかるかもしれない。そうすれば、もっとこの層に適したマーケティング手法を練ることができる。

態度や価値観はセグメント化の重要な要因であり、市場を絞り込み、製品・サービスをより効果的にポジショニングするための新たな（そして、往々にして有効な）方法となりうる。たとえば、マーケターにとって母親層は重要なニッチだが、もはや一概に「働く夫のいる二〇～三〇代の女性」と決めつけることはできない。一〇代後半～二〇代前半の若いシングルマザーもいれば、三〇代前半の大学卒の女性もいる。また、完全雇用された夫を持つ完全雇用の女性もいるし、高齢出産をした四〇代前半の母親もいる。調査の結果、母親層は母親としてのあり方でセグメント化するのが最も効果的であることが判明している。

第5～8章ではテーマごとにデータを検討し、それを世代、ライフステージと役割、新興マジョリティ、自信の問題、人生の過渡期の特徴と関連づけ、行動に落とし込む方法を説明する。

⑧女性の声を聞くための新手法を試す

「女性が求めるもの」というと、未だに冗談めかして「永遠の謎だ」などとうそぶく人がいるが、女性には、製品・サービスをもっと女性に合わせる方法を明確に言い表す不思議な能力があり、素晴らしいマーケティング・パートナーとなりうる。開発プロセスにもっと早く、もっと深く女性顧客を関与させれば、市場に出す前に製品・サービスの魅力を高められる。何気ない会話の中で、企業が（代表的ブランドにふさわしいユーモアと常識を持って）ブランドの問題を解決したり、的を射た直感的な製品を設計したり、共感を呼ぶ広告メッセージを生み出したりできるよう、力になってくれるのだ。

小売企業の多くは古びた調査手法を用いて顧客の欲求を判断しているが、それでは買い手との溝が深まりかねない。ジャスト・アスク・ア・ウーマン社のCEOで女性消費者専門のマーケティング・コンサルタントの第一人者、マリー・ルー・クインランはこう述べている。

「小売企業は聞く耳を持たないというよりも、二〇〇三年の女性たちの声を五〇年代のやり方で聞こうとしているのです。フォーカス・グループや意識調査では、間に立つ司会者や調査員が女性に実験台になった気分を味わわせてしまう。一番の近道はレジの横に立つか、試着室のドア越しに盗み聞きする――つまり何としても生の声を聞くことです。そうすれば、彼女たちの生活で起きていることと自分の店に足りないものが、だいたいはつかめるでしょう」

また、インターネットは女性の声を直接聞ける新しい手段である。eメールやカスタマイズされたクイズ、オンライン・ディスカッション。いずれもレスポンスが得やすく、行動や反応の測定もわりと簡単で、豊かな情報と洞察をいつでも提供してくれる。

女性顧客との絆が最も強まるのは、彼女たちにマーケティング・パートナーとしての協力を求め、直接またはオンラインでリアルタイムに会話を続けたときだ。そこで初めて、意見の聞き取りや調査が真価を発揮する。

⑨投資効果の測定手法を組み込む

マーケティング計画には、投資効果の測定手法を組み込むことが不可欠だ。本腰を入れて女性に目を向けるのは初めてという企業が多いが、その正当性を裏づけ、より多くの予算や人材を確保し、女性の嗜好に合わせた企画を練るには、投資効果を測定するのが確実だ。ただし同じ会社でも、女性をターゲットとするキャンペーンや企画と、他の同規模の企画とでは、期待される結果が異なる場合が多いので注意が必要である。

女性向けマーケティング・プログラムの成果が、誤って既存製品の販売プログラムと同じ手法で測定されてしまうこともある。だが実際には、新製品・サービスと同じように扱うべきだ。プロセスが未完成で、通常のテストや手続きをすべて終えていないのであれば、完成されたプログラムと同じ成果を期待するのは理不尽というものだ。

とはいえ、効果を測定し正当性を裏づけるための手法は、新旧を問わずキャンペーンに組込むべきだ。その際、紹介やクチコミ、顧客寿命などの重要指標はできるだけ測定したほうがいい。というのも、女性顧客がマーケティング・パートナーとしての力を最大限に発揮するのは、こうした点だからだ。また、透明なアプローチはすべての顧客層に効果を発揮するので、男性の新規顧客数や売上げも併せて必ず測定しよう。

ワコビアのデブラ・ニコルズは自社のサイトに評判の高い「ウィメンズ・ファイナンシャル・センター」を創設、(一般の問い合わせとは別に)女性専用のeメールアドレスやフリーダイヤルを掲載した。これらのチャネルを通じてセンターに寄せられた電話やメールを注意深く分析した結果、優に半数が購入に関する質問を含み、かなり精度の高い見込み客であることが判明した。同社の見込み客の中でも反応が抜群に高く、投資効果の高さを証明して見せた。

また、IBMの女性企業担当部門のトップであるパティ・ロスは、自社データベースに女性の中小企業オーナーのデータを加え始めた。その結果、女性企業向けの営業活動の成果を、一般の中小企業向け営業と比較して、より正確に測定できるようになった。つまり、データベースを少し手直しただけで、効果測定とマーケティング調査に大きな成果が得られたわけだ。

⑩さあ、チャンスをつかもう

かつては、女性との絆が胸の躍るような大きな機会をもたらすことへの理解はほとんどなく、筆者らもコンサルティングに当たっては、クライアントに説得して回る必要があった。嬉しいことにここ数年は、少しずつだが風向きが変わりつつある。

女性向けマーケティングは未開拓の分野であり、いわば極限のスポーツである――EPMコミュニケーションズのニューズレター「マーケティング・トゥ・ウィメン」の編集長リサ・フィンは、二〇〇二年一一月に実施した購読者調査をもとにそう述べている。調査の結果、女性市場への関心の高まりが明らかになり、「回答者の三分の一（三一％）が、過去二年間に組織内で女性向けマーケティングに携わる人数が増えたと答えている。だが一方で、人数は変わらないとする回答者も五一％いた」。

誰もルールを知らない市場に、いきなり全力を注ぐのは怖いことだろう。多くの企業は真剣に女性のニーズに応えたいと思いながら、「ちょっとした変革で十分、これ以上予算をかけて抜本的に変える必要はないだろう」という淡い期待にしがみつき、及び腰で様子を窺っている。その気持ちもわからなくはない。

もちろん誰でも簡単な解決策を手に入れたいし、次々と生産的に仕事を済ませたいと思っている。だが、女性向けマーケティングの場合、そんなおざなりな努力を重ねても、一〇〇年に一度の大洪水を土嚢で防ごうとするようなものだ。

女性向けマーケティングからピンクの発想を払拭すれば、競争優位を獲得し、一気に成長する機会となる。市場調査によると、多くの企業はまだ社内の反応を見ている状態だ。先陣を切って進むなら今だ。ピンクの発想を乗り越え、女性という最大の市場セグメントをつかもう。

第2章

目に見えるアプローチ

正面から「女性」印を掲げるマーケティング

男女のどちらをターゲットにするかはともかく、消費者に到達するための手法は三つある。目に見えるアプローチ、透明なアプローチ、そして両者を組み合わせた混合型アプローチである。いずれも女性にアピールするのに有効だが、どのアプローチが成功するかは、製品・サービス、主要顧客層のプロフィール、彼女たちが望む手法によって変わってくる。

目に見えるアプローチが理に適う場合もある。「女性向け」製品であることをはっきりと打ち出し、多くの競合製品と差別化するのだ。一方、透明なマーケティングのほうが共感を得やすい場合もある。情報収集プロセスや購入プロセスと連動させて、女性を特別視しない方法で製品・サービスを提供するのだ。また、二つのアプローチを組み合わせた混合型アプローチは、既存ブランドの特定の製品・サービスを「女性向け」として打ち出したり、特別な女性向け企画を実施したりするケースで効果を発揮する。

いずれにせよ、購買心理やその影響要因など、検討すべきことは山ほどある。一つだけ明らかなのは、女性消費者が現在、自社の製品・サービスに対して抱いている認識からずれないよう、最大限努力しなければならないということだ。そして女性の信頼を勝ち取り、自社製品への見方を一新させるには、活動の場に飛び込んで生の声に耳を傾けるしかない。

本章では、目に見えるアプローチについて説明する。従来型のマーケティング・キャンペーンで女性向けのマーケティングを行う際に、「目に見える」要素を取り入れる方法にも触れる。このアプローチは今後減っていくと思われるが、理解しておくことは重要だ。女性顧客の心をつかむのに最適な判断を下せるよう、あらゆる選択肢を認識しておくべきだろう。

「女性向け」を打ち出してよい場合

目に見えるアプローチは、明らかに「女性向け」に企画・実施される。誰の目にも一目瞭然で、製品名だけでそれとわかる場合もある。たとえば、フレンチ・メドウ・ベーカリーの「ウーマンズ・ブレッド」、あるいは更年期症状を持つ人向けの健康補助食品のように、明らかに女性用の製品もある。

目に見える手法をうまく実施すれば、女性の購買心理に単刀直入に訴え、本当の意味でカスタマイズされた顧客体験を提供できる。なかでも最も成功しているのが、女性用の栄養補助食品やボディケア・美容製品だろう。栄養補助食品のパッケージの「女性に必要な栄養成分」というコピーや、ジレットの安全カミソリ「ヴィーナス」のキャンペーンなどは、目に見える女性向けマーケティングが効いた例だ。

ビタミン剤のボトルに「女性に必要な栄養成分」と書いておけば、薬局やスーパーの「女性用健康関連製品」コーナーに置かれ、女性の目に触れる。さらに、ここ一〇年ほどは、栄養や食生活の問題がメディアに取り上げられる機会が増えているので、自分のライフステージに必要な栄養成分をどこかで見聞きしているケースも多い。情報通の消費者は、正しい栄養分を取り入れようと意識しているので、商品棚にもっと詳しい栄養的な説明があれば喜ぶだろう。

また、女性向けであることを意図的に強調した、新しい形状の安全カミソリも登場している。女性的な丸みを持つ新しい形とパステルカラーには、長年、夫の使い捨てカミソリを使うしかなかった女性たちの心をつかむ何かがある。

ジレットの女性用安全カミソリ「ヴィーナス」の場合、製品名がこのように決まり、目に見えるマーケティング・キャンペーンを行う前から、女性の共感を得ることは確実だった。製品名がこれほど女性的でなければ、透明なアプローチを採っていただろう。製品の色や形、女性の身体の届きにくい部分も剃りやすくした機能性は、それだけで製品の意図を物語っている。女性の身体には無駄毛の処理をしにくい曲線や角度が多い。それを認識したカミソリ・メーカーは、マーケティング手法を問わず、世界中の女性から賞賛を浴びている。気づくこと自体が、女性の購買心理やニーズをより深く認識している証拠だからだ。

既存のブランド内で行う「混合型アプローチ」

既存のブランド内に新たな製品・サービス・ラインを創設し、女性向けに開発された点をアピールする場合もある。いくつか例を挙げよう。

地元で知名度の高い地方銀行は、たいてい顧客サービスに優れ、預金金利も高く、小切手も無料で発行してくれる。仮に、女性の金融ニーズに応えるべく、情報のパッケージ化やセミナーの企画に乗り出したとしよう。当然、銀行のロゴを変更したり、女性のための銀行に変えたりすることは考えられない。自社サイトに「女性のための金融相談」コーナーを設置したり、

「女性向け」セミナーを開催したりして、引退後の資金計画、夫より（収入が少ないのに）長生きするといった女性特有の問題を取り上げるだろう。

ドラッグストア・ドットコムの「ヘルシー・ウーマン」部門は、女性の健康をテーマに従来療法や代替医学に関する製品と情報を提供し、好評を博している。そこには「ヘルス・ガイド」という資料コーナーも設け、「知識は力」という女性が共感しそうなキャッチフレーズをつけている。

ヘルシー・ウーマンで紹介する商品は、「心臓」「乳房」など主な不安に直接訴えかけるようなカテゴリー別に分けられており、また、ダイエットや老化防止などのテーマ別にお勧め商品トップテンが紹介されている。こうした目に見えるアプローチは、女性の購買心理に効果的に訴える形で製品や情報を提供することにより、最大限のマーケティング効果を上げている。

練り歯磨きの「リジュブネイティング・エフェクツ」も、混合型の女性マーケティングの代表格だ。P&Gの製品ライン「クレスト」の一製品として開発され、「輝く笑顔のために――新しい美しさの秘密」をキャッチフレーズに、初めての女性用練り歯磨きとして宣伝された。混合型アプローチの常として、「クレスト」ブランド全体を「女性向け」に再構築したわけではない。むしろ、「リジュブネイティング・エフェクツ」は、通常は女性の専売特許である美容の悩みに応える練り歯磨きとして、他の製品と異なるマーケティングを施されている。

興味深いのは、ドラッグストア・ドットコムの「ヘルシー・ウーマン」部門が女性の健康問題を軸に情報を分類し、製品を細かくパッケージ化しているのに対し、「リジュブネイティング・エフェクツ」は、何ら女性向けの成分を含むわけではないのに、あっさり「女性向け」とポジショニングされている点だ。

場合によっては、混合型アプローチが女性の自社ブランドへの関心を試す絶好の手法となる。女性が目に見える努力に気づいて反応するのを見極めたうえで、さらに効果の高い透明なプログラムを企画・実施することも考えられる（詳しくは第3章）。

現実からなるべく離れないようにすること

単独で実施するか、混合型プログラムの一部として実施するかはともかく、目に見えるアプローチでは、製品を売りたいがために女性や女性の嗜好に対する時代遅れなステレオタイプを煽ったりすると、女性にも男性にもそっぽを向かれることになる。

女性を見くびったり、「典型的な」女性像に押し込めたり、誤って（あるいは軽率に）花柄やパステルカラーを用いたりしたマーケティングに出会うと、多くの女性は肉体的な苦痛さえ覚えるのだ。女性の心をつかみたいなら、ほかにもっと刺激的な方法がいくらでもある。

目に見えるキャンペーンが有効かどうかを判断するには、自社の製品・サービスが女性特有の現実的な問題（身体のサイズ、体形、健康）にどの程度即しているか、また、こうした問題を巡る女性たちの感情が購入にどの程度影響を及ぼしているかを検討するとよい。たとえば、女性の小ぶりなグリップやスイング、体形に合わせて設計されたゴルフクラブや、女性向けの自転車サドルは、目に見えるアプローチが最良の選択となるケースだ。

ゴルフクラブや自転車のサドルのように、単に男性用製品を小さく（短く）するのが常識だった業界で、女性に合う画期的な製品が開発された場合、目に見えるキャンペーンで変化を強調するとよい。デザイン面や機能面で新たに女性特有のニーズに配慮すれば、ブランド全体の印象がよくなり、求めていた製品がここにあると気づいてもらえるだろう。

ただし、明らかな特徴や目的がない場合は逆効果だ。芝刈り機や携帯情報端末（ＰＤＡ）を買いに行って「女性向け」製品に出くわした女性は、たいがい馬鹿にされたような気分になる。「女性用といっても、色を変えただけじゃない！」というわけだ。

表面的に手を加えただけの製品は、女性向けとは見なされない。それが女性の購買心理だ。したがって、目に見えるアプローチを採用してもムッとされるのがオチだし、最悪の場合、悪印象を残すことになりかねない。同じ芝刈り機やＰＤＡ、家電製品にしても、もっと女性の共感を呼ぶような、透明なアプローチもある。詳しくは第3章で紹介する。

シニア世代も変わりつつある

何世代か前の女性なら、目に見えるアプローチにもっと好反応を示したかもしれない。当時はまだ珍しく、男女差の尊重という新たな感覚を体現したものだったからだ。だが、若い世代は昔ほど性別を意識しない世界で育ったため、目に見えるアプローチには、あまり反応を示さないだろう。

「女性用のオートミール？　どうでもいいけど、なぜ女性用のものが必要なの？　そういうことを謳われると、何だかすごく白けるんですよね。でも、買いそうな人はいますけど。うちの母です！」（広告営業担当者　ロリ・T　二八歳）

若い世代に対するマーケティングで一つ注意すべきは、ステレオタイプを逆手に取って楽しむ可能性があるということだ。二〇〇〇年からしばらくの間、若い女性向けの衣料品や雑貨などで、ちょっとしたピンク旋風、少女趣味旋風が吹き荒れた。このトレンドは、ステレオタイプをひねって受け入れたもので、「女性はピンクと花柄とカワイイものが好き」という古臭いパラダイムにユーモアと反発を込めて、内心舌を出しながら飛びついたわけだ。

一方、シニア世代やベビーブーマーの女性たちは、これまで目に見えるアプローチに気を悪くすることはなかったが、それも変わりつつあるようだ。さんざんマーケティング・メッセージにさらされてきた結果、消費者としての目が確実に肥えてきたからだろう。だから、製品名に軽率に「女性用」と付け足したり、パッケージを安易にピンクにしたりすれば、間違いなくマーケティングの動機を疑われるに違いない。

中身の裏づけが不可欠

どんなに高品質で低価格で評判がよくても、既存品をパステルカラーにして「女性用」のステッカーを貼っただけと見抜かれたら、元も子もない。特徴や機能がいま一つ女性向けでない、あるいは女性がどうやって購入に至るかを調査していなかったりすると、潜在顧客にすぐばれてしまう。製品やマーケティングに信憑性と信頼性を持たせるためには、目に見えるアプローチを用いるかどうかを、最初から決めておく必要がある。女性の本当のニーズに応えた製品開発があってこその販売手法やマーケティング・メッセージなのだ。

たとえば、もしジレット社の安全カミソリ「ヴィーナス」が女性の身体に合うように設計されていなかったら、色や製品名を女性的にしても胡散臭く思われるのがオチで、目に見えるアプローチは失敗していただろう。女性の曲線的なボディラインを意識してデザインされたカミソリだったからこそ、信憑性を感じさせることができたのだ。

マーケティング・アプローチに一貫した誠実さがあるか、それとも女性の気を引くための（悪気はないが）表面的な努力なのかによって、製品・サービスに関心を持つかどうかが決まる。だからこそ、目に見えるアプローチの採用には細心の注意が必要だ。

もちろん、企業としても最初から失敗するつもりで女性向けの製品をつくっているわけではないだろう。だが、成功するには、製品開発前からターゲットの女性顧客の理解に努める必要がある。そうすれば、目に見えるアプローチは現実に即した、裏表のないものとなり、新規顧客を獲得することができるだろう。

第3章

透明なアプローチ

「女性」を感じさせないマーケティング

目に見えるアプローチでは、女性向けの製品・サービスであることが誰にでもわかるよう明確に訴えたが、透明なアプローチはもっと手間がかかる。市場を綿密に知り、顧客が抱える問題ごとに斬新な解決策を練り、女性の嗜好を反映した思慮深い選択肢を用意したうえで、より洗練されたものを選ぶのだ。その代わり、目に見えるアプローチにはできない形で市場を引きつけ、ブランドへのロイヤルティ（忠誠心）を育み、売上げを伸ばしてくれる。

透明なアプローチを実施するには、ステレオタイプに基づいてブランドに露骨な修正を加えるのではなく、本当の意味でブランドを個々の市場に合わせていく必要がある。さりげなく思いがけない形で女性のライフスタイルになじみ、また女性が大切に思うことを反映するものでなければならない。顧客情報をきちんと集め、彼女たちが製品・サービスを買う理由（自社製品、他社製品を問わず）を把握していることが顧客にも伝われば、自然とそのブランドの重要性を感じてもらえるはずである。

既製品ではなく、オーダーメードで

既製品のビジネススーツを試着して、なんとなく身体に合わないと思ったことはないだろうか。ラベルを見ると自分のサイズなのに、肩は少し落ちているし、お尻はパンパン、背中もきつい。これでは体重が五キロは重く見えてしまう。まるでスーツを着た牛みたいだと思ったり、昼食後に買い物はするまいと心に決めたりする。

だが、運がよければ（あるいは伝説のサービスで有名な百貨店、ノードストロームなら）、店員がすぐ駆けつけてくる。そして、スーツのあちこちがマチ針で留められると、同じスーツを着た自分が見違えるほど格好よく、スリムで、仕事のできる人間に見えてくる。ちょっと手を加えただけで、スーツが身体にぴったり合うようになったのだ。こうして、その店はあなたの大のお気に入りになる。

透明な手法で女性の心をつかむということは、そういうことだ。目に見える既製品の「女性向け」マーケティングではなく、オーダーメードであつらえた製品やマーケティング戦略を提供するということだからだ。

女性のサイズを手間ひまかけて的確に把握し、彼女たちの生き方や製品の使い方を知ろうとするブランドは、必ず女性の目に留まり、買ってもらえる。オーダーメードであつらえた透明なアプローチは、ブランドへの長期的なロイヤルティに続く道なのだ。

いずれ主流となるアプローチ

女性の経済力が一般に認識され、若い女性たちの市場での影響力が増すにつれて、目に見えるアプローチは例外となり、透明なアプローチが主流になるだろう。

女性顧客のニーズを最も満たし、彼女たちに最も効果的に到達する製品やマーケティング戦術を真剣に開発しようとすれば、結果的に透明なアプローチを採ることになる。それは新品のオーダーメード・スーツと同じくらい好意的に受け止められるだろう。女性の嗜好を考慮しているものに女性は自然と気づくので、あえて女性向けと謳って気を引く必要はないのだ。

透明なマーケティングとは、単に優れたマーケティングのことである。透明なアプローチを用いれば、女性顧客の高い期待に応えられるだけでなく、男性市場のシェアも伸ばせることが多い。このアプローチに未来があると考える理由の一つには、この相乗効果がある。

提供する情報の形から製品の使いやすさまで、女性顧客の共感を呼ぶ要素を購入プロセス全体に網羅的に埋め込み、無駄やひっかかりのない購買体験を提供する必要がある。

その際には、ウェブサイトが顧客の役に立ち、購入ニーズを満たしてくれるだろう。たとえば、「ついに、子供のための完璧な朝食が完成!」とアピールすれば、顧客は開発に時間がかかった理由まで読んではくれないかもしれないが、パッケージに「女性向け」とか「ママのための」などと書く必要はなくなるのだ。

「本は必ず地元の書店で買います。と言いたいところですが、ついついアマゾンをのぞいてしまいます。まるで麻薬中毒です。ウィッシュリストを編集できるのもいいし、ショッピングカートにどんどん商品を放り込み、数が揃うまで待ってから無料配送してもらえるのもいい。お勧め商品にも飛びついてしまいます。それに、本の読者やCDを買った人が書いたカスタマーレビューも大好きです」(ビジネス・ジャーナリスト アン・H 三七歳)

透明なアプローチは、巧妙かつ的確に顧客ニーズを満たすので、女性をつかまえるうえで非常に効果的だ。女性を意識し、その価値を認めていることは、現実的な購買ニーズや嗜好に訴えかければ気づいてもらえる。安易な製品や企画で気を引こうとすると、多くの女性（特に若年層）をうんざりさせるばかりか、せっかくの新製品に古臭さや野暮ったさを与えかねない。

また、透明なマーケティングを行うと、男性もそのサイトや店で買い物をしたがるようになることが多い。彼らもまた、スタッフや製品と接したときに、口では言い表せない何かを感じているのだ。顧客はたいていこんな風に言う。「感じがいい」「サイトが直感的でわかりやすく、さっさと買い物できる」「返品が簡単だし、好みの商品が揃っている」

きちんと課題をこなせば、迅速で効率的で快適な購買体験を顧客に提供できる。相手が男性顧客でも女性顧客でも、その点に違いはない（コラム参照）。

六つのポイント

透明なアプローチで女性の心をつかむ。それは今までとまったく違う製品をつくること、そして、女性にヒントを得つつ誰からも喜ばれるようなマーケティングを行うことにほかならない。肝心なのは、解決策を提供すること――それも直感的でわかりやすく、購入プロセスから面倒さをなくす解決策が鉄則だ。透明な手法に触れた女性は、感激して友人に話すだろう――「今までなぜ気づかなかったのかしら」「もう別のやり方は考えられない」

Column

透明なブランドを見分けるポイント

そのブランドにパーソナリティはあるか：ブランド・パーソナリティは、広告コピーやナレーターの話し方によって形成される場合もあれば、創業者の影響を受ける場合もある。たとえば、ファイナンシャル・プランナーのスーズ・オーマンは、彼女自身が自社サービスのブランドと化している。

万人受けするブランドが一番という思い込みは禁物だ。むしろきわどいくらいはっきりしたものが受けている。Y世代は大企業ブランドは歯牙にかけず（リーバイスもここ数年、苦戦している）、気まぐれで突っ張ったイメージの小規模ブランドを追いかけている。より多くの女性の心をつかみたいのなら、「バニラ味」一辺倒ではなく、いろいろな味を取り入れることだ。

また、必ずしも女性的なパーソナリティは必要ではない。ある種の工具や映画、酒のブランドは、女っぽさが増すと魅力が半減する。女性向けのメディア広告や高い要求水準に合わせたサービスのカスタマイズは必要だろうが、何にでも女性ホルモンを注射すればいいというものではない。

ブランドの言語はどのようなものか：ブランドの言語は、ブランド・パーソナリティの一要素であり、それ自体が重要な問題となる。男らしさと女らしさのどちらをより強く感じさせるか。優しい色遣いで文字を少なくするデザインか、シックな色遣いで文字を多くするものか。コピーの口調は格式ばっているか、ユーモアたっぷりか。時間をかけて築いたマーケティング上の「方言」には、数多くの要素やニュアンスが含まれているが、すべて女性市場の耳に届き、理解してもらえる言語へと統合する必要がある。

創業者、専門家、主要顧客の言葉がブランドの言語に含まれているか：スーズ・オーマンは常に彼女らしい言葉でアドバイスをする。スポーツ・ネットワークのESPNは複数のパーソナリティを形成することで、幅広いコンテンツをもれなく体現している。また、キャラクターを利用してブランドにパーソナリティを持たせる企業もある（ケロッグ社のシリアル「ライス・クリスピー」のキャラクター、スナップとクラックルとポップなど）。

透明なアプローチには、目に見える方法よりもはるかに多くの事前調査や理解を要する。効果的で共感を呼ぶものにするポイントは六つある。

①ターゲットを絞り込む：幅広い年齢層やライフステージ、文化的背景の人々に対し、いっぺんにマーケティングを施したいと思っても、それは無理な話だ。訴える相手が多ければ多いほどメッセージの効果は薄れ、本当に共感を呼びたい女性層にアピールできなくなる。

ここは意を決して、アーリー・アダプター（最初に買ってくれる層）や最適なユーザーとなりそうな女性たちに対象を絞り込む必要がある。主要層を厳密に絞り込み、まずそこに働きかければ、ブランドの熱烈なファンとなり、より広い層に影響を及ぼしてくれるだろう。

その好例が、昨今のヨガ・フィットネス・ブームだ。ヨガを取り巻く文化やライフスタイルは最初、ごく狭いニッチのためのものだったが、今では幅広い市場に受け入れられている。早くからヨガを実践してきた少数だが熱心な中核層は、ヨガ文化のメリットを身をもって示した。そして今では、有名人やシニア世代に突入したベビーブーマーたちがヨガをメジャーなものに押し上げた。新しいデザインのフィットネス用品や靴が登場し、東洋の宗教や習慣が取り入れられ、自然食品をベースにした食生活の見直しなどがブームとなっている。

②ターゲット層を綿密に理解する：主要ターゲット層を特定したら、この層に影響を与えているものを把握する。彼女たちのウォンツとニーズを探る際に、考慮すべき点が二つある。

第一に、日常生活について。彼女たちの日課、共通の考え方、よくあるストレスを何としても理解しよう。モチベーションや不安は何か。行動を起こすきっかけは何か。仲間内の習慣や約束は何か。聴いている音楽は何か。戦略立案に必要なヒントを引き出すには、これくらい突っ込んだ調査が必要だ。ロイヤルティを持ってほしい女性たちの生活を細かく把握して初めて、自社の製品・サービスやメッセージが彼女たちのニーズや学習方法にどれくらい合っているかがわかるのだ。

第二に、夢について。単なる世代的な共通点にとどまらない希望や欲求、信念は、女性たちをコミュニティ化し、市場セグメントの境界線を定めるものだ。たとえば、オーガニック・ガーデニング（有機園芸）への取り組みや、長期的な環境保護への願いは、どちらも世代や文化、ライフステージの枠を超えた信念の一例だ。

③顧客からのフィードバックを組み込む：単に市場を理解するだけでなく、顧客を巻き込み、ともにマーケティングしよう。発売後や企画の実施後にフィードバックを得るのではなく（それでは遅すぎるし、情報量も少なすぎる）、もっと早く、もっと頻繁に、開発段階から女性たちを参加させるのだ。

④製品の使用状況に目を向ける：ターゲット女性層の間に起きている重要な出来事や、彼女たちのライフステージを軸に、顧客体験をデザインする。病院の待合室や、店の通路、郵便受

けの前で、顧客が自社の製品・サービスのことを考えたり必要としたりしたときに、タイミングよくそこにあるためには、どのようなブランド・ポジショニングをすればよいか考える。

⑤ブランドを理解し、定義する：ブランドのスピリットを薄めて万人受けを目指すよりも、それを前面に打ち出そう。最近では、女性向けマーケティングを行う際、差別表現などで政治的公正さを冒す危険性よりも、他のブランドと似たような没個性のキャンペーンになってしまう危険性のほうが高い。自社ブランドならではの特徴を把握し、独自性を前面に押し出して売り込むほうが、女性の関心を引き、仲間内の話題になる場合が多い。

⑥信憑性を感じさせる：ブランドの目指す姿勢を明らかにして、長所も短所も正直に公開しよう。ターゲット層の女性たちはそんな率直さに引かれ、共感を覚え、さらにはブランドの背後にいる人々にも信頼を寄せてくれるだろう（コラム参照）。

ＥＳＰＮが実施した透明なアプローチ

新しい概念を手っ取り早く理解するには、別の角度から見るのが一番かもしれない。典型的な男性向けメディアでありながら、透明なアプローチで成功を収めたのが前出のマルチメディア企業、ＥＳＰＮだろう。効果的な透明さを体現しただけでなく、目に見えるマーケティング

Column

透明なマーケティングの成功例

フォード・モーター「ウィンドスター」：室内灯を暗くするスイッチを開発し、寝ている子供をまぶしい明かりで起こさないまま、車から家に運べるようにした。

ウォルマート：挨拶係を配置し、顧客が店に入ったとたん、歓迎ムードを感じられるようにした。

スターバックス：座り心地のよい椅子で長居を誘い、ワイヤレス・アクセスを提供してセカンド・オフィスとしての利用を促した。

ブリス（都心型の日帰りスパ）：スタッフの手書きの感謝状を利用客に送付。

レス・シュワブ（タイヤ小売り）：販売員が車に駆け寄って挨拶する。タイヤの修理は無料。

セフォラ（化粧品小売り）：商品を思わず手に取りたくなり、また実際すぐ手に取れるよう意識した陳列。店内には多数のスタッフを配置。その結果、口紅や頬紅、スキンケア製品のテスターが使いやすく、店員にも気軽に質問できる。

リフレクト・ドットコム（化粧品のネット販売）：自分だけの化粧水やメーク用品をつくれる。商品名やパッケージも自分で選べる。

サターン（自動車）：わずらわしい値引き交渉の不要なワンプライス制を導入し、女性の購買客にアピールした。

TiVo（ティーボ：テレビ番組録画サービス）：母親が子供のテレビ視聴時間をコントロールできるようにした（ほかにもさまざまな機能がある）。人気番組を毎回録画し、都合のいい時間に子供に見せることができる。

テリー・プレシジョン・サイクリング（自転車製造・販売）：今や有名な女性向けの自転車サドル（真ん中に穴があいているタイプ）を発売。その後、男性向けのサドルも開発した。

でも手本となる好例である。

ESPNは二四時間放送のケーブル網、ウェブサイト、ラジオ網、雑誌、テーマ型レストランを擁する巨大スポーツ・メディア企業だ。若くて裕福な男性スポーツファンをターゲットに、透明な手法をうまく用いて急成長している。ESPNブランドはすべてのメディアで、ターゲット層の男性の心をつかむコンテンツだけを絞り込んで提供しているが、その過程で男女両方のスポーツファンから好意と敬意を寄せられている。万人受けを目指してはいないので、自社の男性市場に特有のユーモアや嗜好、興味も深く掘り下げている。

具体的な成功要因を検討する前に、もしESPNが自社の雑誌『ESPN ザ・マガジン』を女性誌にありがちな目に見えるアプローチで売ろうとしていたらどうなっていたか、想像してみよう。

『ESPN ザ・マガジン』――目に見えるアプローチを採った場合

・キャッチフレーズは「熱狂的な男性スポーツファンのための雑誌」。
・スタッフは全員男性。グラビアや記事に取り上げる対象も男性や男性チームのみ。
・典型的なコラムとしては、スポーツ業界の問題を論じる「ある男の視点」、通常は女性が論じる話題を男性の立場から論じた「俺の意見」など。

・写真は通常どおり。さまざまな国籍の男性選手がユニフォーム姿で小道具（サッカーボールやホッケーのスティックなど）を手に写っている。
・連載小説や漫画には、ビール腹、カウチポテト族、素人スポーツ評論家、セクシーなチアリーダーなど、典型的な男性ネタを盛り込む。
・広告主は、男性市場開拓の専門部門を通じて、伝統的な男性向け製品を販売する企業。
・男性向け特別企画として、男性向け体脂肪計算表、全男性の夢のサッカーリーグ、スポーツ通の男性向けカルトクイズ、スポーツマンのためのスポーツ史講座といったインタラクティブ・プログラムを提供。
・雑誌の色合いはもちろん「男らしい」原色。特に青を目立たせる。
・男性の主な健康問題をテーマとしたイベントを後援。たとえば前立腺癌患者のためのチャリティ・マラソンや、心臓病患者のためのボウリング・トーナメントなど。
・政治的公正さを大切にした、プロ意識のある誌面づくり。ただし面白味はない。

目に見える手法で提供されたESPNなどつまらないし、違和感があるだろう。女性顧客があからさまな女性向けマーケティングに出合ったときにどう感じるか、これで少しは実感していただけたはずだ。

さて、現実のＥＳＰＮは、楽しく洗練された透明なアプローチで男女両方の熱心なスポーツファンの心をつかんでいる。先に述べた六つのポイントと対応させながら、同社の巧みな手法を見ていこう。

①ターゲットを絞り込む

ＥＳＰＮは、若くて裕福な男性スポーツファンで構成される、ごく少数の熱心な市場をターゲットとしている。媒体資料の人口統計データのページにすら、女性の項目はない。透明なアプローチの約束に従い、コア市場の嗜好を満たすことに専念しながら、同時に幅広い層からも熱烈な支持を集めている。

②ターゲット層を綿密に理解する

大きいことはいいことだ。『ＥＳＰＮ ザ・マガジン』は、サイズも紙質も編集姿勢も、ターゲット読者のX世代男性を引きつける編集のバイブルとされる『スピン』誌や『バイブ』誌に似ている。ほかにも、以下のような重要な点がある。

魅力的なグラフィック：同誌の派手でおしゃれなレイアウトは、ライバル誌とまるで違っている。他誌より若い読者層を深く理解していることの表れだ。

大きくて鮮明な写真：最高のプレーは、テレビのリプレイやスローモーションで見せるのが一番だとＥＳＰＮは考えている。雑誌がどんなに頑張ったところで、アイスホッケーのゴールキーパーのスケートに取りつけられた小型カメラのライブ映像にはかなわない。そこで、同誌では鮮明なポートレートや数ページにまたがる大型写真といった斬新なスタイルを開発、テレビ映像に負けない刺激的な魅力で読者に愛されている。これらはポスターとしても利用されている。

エクストリーム・スポーツを記事に：ＥＳＰＮは大手マルチメディア・スポーツ・ブランドのなかでは初めて、エルニーニョ・サーフィンやスノーボード、ＢＭＸレース、ウェイクボードといったエクストリーム・スポーツ（トレンドに敏感でアクティブな若者たちが行う新ジャンルのスポーツ）を雑誌や放送で大々的に取り上げた。

③顧客からのフィードバックを組み込む

ＥＳＰＮラジオの聴取者参加型トーク番組は、ファンとの継続的な対話を保つ最強の手段だ。毎日の番組ではリスナーからの電話を受けており、電話番号を短縮ダイヤルに登録している常連もいるほどだ。ファンたちはお気に入りのトーク番組の司会者を真似た率直で遠慮のない軽妙な口調で、意欲的に自分たちの意見を主張している。

また、生番組に聴取者の意見を盛り込むためeメールも用いられている。たとえば、人気トーク番組の司会者ジム・ロームは、「クローン」と呼ばれる彼の熱狂的ファンたちを冷やかしながら、自分の意見に感想を寄せるよう呼びかけている。ウィットに富んだリスナーたちはリアルタイムで口汚い意見をメールし、ロームはそれを嬉々として読み上げている。

④製品の使用状況に目を向ける

ESPNは、自社の顧客が情報に飢えた熱狂的スポーツファンであると認識している。ひいきのスポーツ選手やチームをもらさず取り上げるため、全米各地のスポーツニュースに多くの放送時間や誌面を割き、また比較的安価でチェックできるオンライン・サービスも提供している。雑誌には、真面目なスポーツファンに欠かせない統計や表、グラフも無数に掲載されている。その他、以下のような点も意識している。

一年中いつでも知りたい：多くのファンにとって『ESPN ザ・マガジン』の最大の魅力は、シーズンに関係なく、あらゆる人気スポーツを扱っている点である。一二月に野球の、七月に大学のアメリカン・フットボールの最新情報が読める雑誌はほかになく、大きな魅力となっている。

ファン同士の交流：マルチメディア企業のESPNでは、テレビやラジオで活躍する各スポーツのパーソナリティが雑誌に記事を書いたり、オンラインのチャットに参加したりする。おかげでファンは彼らと対話したり、ファン同士で交流したりするチャンスに恵まれている。オンライン・ゲームの「ファンタジー・フットボール」から、NCAA（全米大学競技協会）バスケットボール・トーナメントの結果を予想するための記入式選手名簿のプリントアウト・サービスまで、各地の地元チーム・ファンの競争心を煽るのに必要な情報やサービスを提供している。

⑤ブランドを理解し、定義する

テレビの看板番組「ESPNスポーツセンター」は個性豊かなパーソナリティを輩出してきた。彼らは上述のように雑誌記事やチャットに参加することで、ファンとのつながりを深めている。ESPNはさらに、次のような点にも目を向けている。

ユーモア：「ESPNスポーツセンター」は独特のスタイルとユーモアで知られる（一九九九～二〇〇〇年に放映され、短命ながら人気のあったABCのコメディ番組「スポーツ・ナイト」は同番組にヒントを得たものだった）。他のスポーツ番組よりも楽しめるのは、生真面目に情報を伝えるだけでなく、選手やファン、スポーツ・キャスターや番組パーソナリティ自身をも平気で笑いのネタにして面白がっているからだ。

仲間内の暗号：同番組はスポーツにまつわる奇妙で面白い独自の言葉を次々と生み出してきた。これらの言葉は、熱心な視聴者たちの間で合言葉のような役割を果たしている。喜びや興奮を表す「ブーヤ！」や「飛んで、打って、決めろ」「ダンク・ユー・ベリー・マッチ」「いいぞ、行っちまえ」といった言葉は、全国各地のファンの心を一つにしている。

『ＥＳＰＮ ザ・マガジン』の「ブランドの言語」は、短い文章でポンポンとたたみかけ、テンポよく話を展開するスタイルだ（コア読者層の注意力が持続する時間を考えると完璧である）。「ズーム」「スポーツ・ガイ」「アウトテイクス」「０：01」（人気解説者ディック・バイタルのコーナー）といった、同誌の看板コーナーのヒップで面白いタイトルも、読者の大きな共感を得ている。

⑥信憑性を感じさせる

ＥＳＰＮのスポーツ報道は大胆不敵で時に衝撃的だが、一方で全国各地のファンのために、選手の本音やチームの内情に踏み込んだ誠意ある取材を行っている。徹底したそのスタイルは誠実で信憑性があり、魅力的で隙のないスポーツ・メディア帝国というイメージをもたらしている。

以上のケーススタディが役立つのは、透明なアプローチの原則をまさに地で行っているからである。顧客をしっかり理解した企業は、主な価値観、嗜好、そして奇癖までも利用して、彼らの人格をブランド・パーソナリティに反映させ、ブランドを定義づけることができる。

同社の例を取り上げたのは、男性の視点から見れば政治や多様性の問題を抜きに話ができるからだ。「ピンク」の霧にとらわれず、透明なアプローチの有用性を理解できたことだろう。要するに、古臭いステレオタイプを用いず、一つの性にターゲットを絞って成功したということだ。

伝統的産業、DIY業界での成功例

ESPNの成功例を見てもなお、「そうは言っても、マルチメディア企業は普通よりはるかにクリエイティブな業界だから、透明なアプローチを採用できるのも当たり前だ」などと思う人もいることだろう。そこで、伝統的産業の一つであるDIY業界の例を見てみよう。

この業界が女性の重要性に目覚める前は、巨大な箱のような倉庫型店舗に入ると、天井まで届く棚が何列も続いていたものだ。売り場は配管、電気、木材といったカテゴリー別に分けられ、ほとんどの店員は担当売り場に関する質問にしか答えられなかった。配管工事に使われるパイプやチューブにはいくつかの種類があることを知っていないと、まったく使えない商品を買って帰る羽目になりかねなかったのだ。

それが今ではどうだろう。エース・ハードウェアの小型店舗が登場し、ホーム・デポとローズは現代的なDIY用品のショッピング体験を提供している。ホームセンターは、今や主要顧客の過半数が女性であるという事実に目覚め、年を追うごとに画期的な変化を遂げているのである。

DIYにいそしむ人が増えたせいか、「ネスティング」（巣ごもり）が流行になっているからか、理由はともかくとして、男女ともこぞってDIY用品店に群がる姿が目につく。これほど多くの女性の関心と忠誠心を獲得するには、いったいどうマーケティングを変え、店舗はそれにどう応じたのだろう。ESPNのケース同様、透明なアプローチの六つのポイントに照らして考えてみよう。

①ターゲットを絞り込む

住宅リフォーム産業は、調査を重ねるにつれ、女性（特に何でも自分でしようとする女性たち）にターゲットを絞る必要性を認識するようになった。同業界が女性にマーケティング予算をシフトするべきだと悟った背景には、以下のような調査結果がある。

・二〇〇三年にローズが実施した調査によると、女性の八〇％は家まわりの「日常的な修理」を自分でこなしているという。店長の一人、ジム・ロードは次のように語る。

「この業界はもはや男性優位ではありません。当社の女性客の九四％は簡単な大工仕事を自分でこなし、八〇％が住宅リフォーム関連の意思決定を行っています」

・二〇〇二年にエース・ハードウェアが住宅所有者一〇〇〇人を対象に行った調査「アメリカの〝すること〟リスト」によると、回答者の六二％が「一家の主婦が家の改修工事の少なくとも一部を担っている」と答えている。また、エース・ハードウェアの店舗における一回の購入金額は、男性客が平均一二・二七ドルなのに対し、女性客は平均一七・七四ドルであることもわかった。

・二〇〇三年にホーム・インプルーブメント・リサーチ・インスティテュートが実施した調査によると、簡単な大工仕事をする人の数は、男性よりも女性で急増している。実際、男性によるＤＩＹ用品の購入数は、過去二年間、低下し続けている。

②ターゲット層を綿密に理解する

「夫の帰りを待って修理してもらう」――そんな考え方はもう古い。女性たちはもはや、夫や恋人を当てにして待ちたくないのだ。週末まで我慢した挙げ句、やっとのことで夫や恋人がようやく修理に手を着けてくれたと思ったら、たいていはやりかけのまま放り出されてしまう。そんなじれったい思いをしている女性たちにとって、「夫への頼み事リスト」をつくるのは面白いことではない。

また、何かが壊れたとき、気軽に頼める男手がなくていまいましい思いをする女性たちもいる。住宅リフォームの主役が女性であることに気づいた販売員たちは、以前より目を配り、よりよいサービスを提供するようになっている。ほかにも注目すべき点がある。

透明な製品開発：「ピンク」化に走らず、コードレス化や握りやすい取っ手など、機能面を改良して使いやすくする透明な製品開発が増えている。こうした工具の外面的なデザインの特徴は、同じラインのほかの製品と変わらない。ロトジップの軽量型電動のこぎり、マキタの「インパクトドライバ」（電動ドライバー）、ブラック＆デッカーの「マウスサンダー」（軽量型サンドペーパー機）といった工具は、いずれも男性より手が小さく小柄な女性に合わせて開発され、透明な手法でマーケティングされている。

画期的な解決策：昔ながらの買い置き工具や製品、パッケージを使いやすく改良する。たとえば、シャーウィン・ウィリアムズ社の「ダッチ・ボーイ」ブランドのペンキは、四角いプラスチック容器が非常に消費者思いだ。これまでペンキの容器といえば、扱いにくい円形の缶と相場が決まっていたが、ダッチ・ボーイの画期的な新容器は、液ダレ防止機能つきのキャップをねじって開けるタイプで、横に持ち手もついている。また、フローリング材メーカーは、素人でも簡単に床の張り替えができるよう、製品デザインを改良している。

頭脳対筋力：女性を引きつけるために開発された新機能は男性にも好評だが、工具の世界には依然として一つだけ、重要な男女差がある。それは、強大なパワーへの憧れだ。住宅建築専門誌『ビルダー』のある広告では、建設作業員風の筋骨隆々の男性が、巨大な電動のこぎりを見せつけている。写真には、こんなコピーが添えられている――「こいつで一四軒の家を建てたけど、刃の切れ味は新品同様だ」。そして、「もういいというまで、いくらでも仕事をし続ける」と、コピーは誇らしげに語る。電動工具を所有したり使用したりすると自分が強くなったように思えるが、女性は多くの場合、工具を使いこなせること自体にパワーを感じるのであって、工具のトルクは関係ない。

③顧客からのフィードバックを組み込む

顧客との個人的対話は大切だ。教室を開くなど、顧客と個人的に交流する方法は、フィードバックを得るのに最適だ。ホーム・デポもエースもローズもＤＩＹ教室を開いており、講座のテーマは、床タイルの張り方からだまし絵風壁画まで幅広い。女性限定講座の人気も高まっている。というのも、女性の多くはチームで作業したり、女性ばかりのなかで学ぶほうが好きだからだ。こうした教室は混合型の手法といえるが、同時に、フィードバックを得る絶好の場でもあり、女性が小売店や企業に求めるものを実地に学ぶチャンスとなっている。

販売額の追跡調査も重要である。各製品に対する女性の支出額を追跡調査し、売上げが特に伸びている部門を調べれば、貴重な情報を得られる。たとえばローズは、女性が従来より難易度の高い工事にも取り組んでいることに気づいた。サンルームの増築や堅牢な壁の取り壊しなど、大規模なリフォーム工事を自分で行う女性が二七%以上もいたのだ。支出パターンを追跡調査することで、女性の興味の対象範囲を明確に知ることができる。

④製品の使用状況に目を向ける

情報の提供と視覚化も欠かせない。住宅リフォームで一番難しいのは、作業の工程を視覚的にイメージすることだ。実際の作業を思い描くことができれば、工事に取り組む自信も湧いてくる。こうしたニーズを満たすには、テレビや実演講習が最適だが、ホームセンター各社は商品の陳列やサービスにも視覚的情報をもっと取り入れようとしている。クラフツマン・トゥールズは、女性客をターゲットに詳細な説明写真を掲示しているし、エースの新型店舗は店内に図書館を併設し、住宅リフォームのハウツー本を取り揃えている。

より買い物のしやすい環境づくりにも配慮しよう。ホームセンター業界は、女性ならではの買い物の仕方を探究し、それに応えようとしてきた。ローズもホーム・デポも、従来型の工具店より買い物のしやすい環境を整えることに重点を置いている。ローズの広報担当クリス・アハーンによると、同社では八〇年代後半から九〇年代初めに店舗設計の見直しを始め、それ以来、女性にアピールする店舗設計を目指し続けているという。

「当社は女性の買い物の仕方をしっかりと見つめています。何しろ一家の意思決定者ですから。女性たちが必要な商品を買いやすく、また、次のプロジェクトのヒントを得られるような、ごく快適な店舗づくりを目指しています」

同社ではライバル店よりも店内照明を明るめにし、通路を広げることで、女性客へのアピールに努めている。広々としてすっきりした空間、わかりやすい売り場案内や製品表示、それに収納用品コーナーもローズの特徴だ。

同様に、エース・ハードウェアも店内表示や照明を一新し、女性客をさらに引きつけ、より魅力的な買い物体験を提供しようとしている。

⑤ブランドを理解し、定義する

住宅リフォームを**週末のおしゃれな趣味**にしよう。家の修理やリフォームは、今や充実感と自信を与えてくれる週末の楽しい活動となった。業界はこれを受けて、顧客教育と娯楽の一体化に取り組んでいる。その結果、「トレーディング・スペーシズ」のようなテレビのヒット番組、仲間づくりもできる対話型のハウツー講習会、雑誌のような魅力的なレイアウトが特徴の数多くの新刊本が登場している。

ホーム・デポとヤンケロビッチ・パートナーズが実施した調査でも、リフォームが女性にとっておしゃれな趣味となっていることがわかった。なんと回答者の三七%が、ショッピング・モールに出かけたり（二八%）、料理をしたり（二五%）するよりも好きだと答えているのだ。実際、現時点で何らかのリフォームに取り組んでいる人の割合は、男性が五一%だったのに対し、女性では五四%いた。

また、**ショールーム感覚**もお勧めだ。一般的に女性はリフォームに対し、単に何かを修理するというより、住まいを創造するといった姿勢で臨む。ショールーム的なディスプレーや、完成した部屋をかたどって室内装飾を施した「ヴィネット」と呼ばれる小さな模型のモデルルームは、女性が手がけたい工事を視覚的にイメージするのに役立っている。たとえば、ホーム・デポはデザイン関連部門を拡大し、店舗にもっとショールーム的感覚を与えている。

「子供の頃、父とよく工具や建築金物の店に行きましたが、母は一度も来ませんでした。店の中は暗くてごちゃごちゃしていて、私にはよくわからない世界でした。そんな私も、今では全国チェーンのホームセンターにしょっちゅう出かけています。夫とではなく一人で行き、リフォームや装飾のヒントを得るのです。店内は明るくきちんと片づいていて、店員は私が銅金具とか芝刈り機について素人臭い質問をしても、嫌な顔一つしません」(インターネット・メディア・スペシャリスト　クラウディア・G　四六歳)

より多様で高級な製品を提供するのも効果的だ。ホームセンター各店は、デザイナー・ブランドや高級ブランドの扱い量を増やし、品揃えをより豊富にして、装飾のアイデアを刺激している。たとえばローズでは、女性客の関心を引くために、ローラ アシュレイの塗料や窓まわり製品をはじめとするデザイナー・ブランド品を増やし始めている。

⑥信憑性を感じさせる

女性客をれっきとしたDIY愛好家として扱い、製品・サービスや講習会の内容を女性の共感を得るものにすることで、ホームセンター各店は、うわべだけでなく本気で取り組む姿勢を示している。ホームセンターの過去一〇年間の変わりようを見れば、主要顧客に誠意を持って直接アプローチしようとしていることがわかる。女性たちは、近所の店の通路で無視されたり馬鹿にされたりするのはご免だと思っている。そんな新種のDIY愛好家たちを、エース・ハードウェアやローズ、ホーム・デポといった店は熱烈に歓迎してきたのだ。

ホームセンターの多くの店舗は素晴らしいショッピング体験を顧客に提供するなかで、既存顧客と一対一の長期的な関係を結び、新規顧客を触発する方法を体現している。この業界が水面下で採用してきた透明なアプローチは確実に効果を上げている。

成功企業に共通する秘訣

透明なアプローチは、うわべだけでなく、到達したい女性層に本当の意味で合わせたプログラムを開発するよう、マーケターを導いてくれる。透明なマーケティングに成功した企業は、以下のような秘訣を用いている。

「リアルな」女性像と共感できるシナリオを描く

過去二〇年間、女性たちは多くの調査において、広告にいま一つ共感できないと訴えてきた。女性たちが求めるのは、自分にとって意味があると感じ、自分が使っている場面を想像できるようなブランドだ。最も効果的なのは、面白味と共感と示唆に富み、「私のことだ」と思わせて、製品・サービスへの関心をかきたてるようなブランドだ。

広告主は女性をつい一面的に描きがちだ。たとえば、最近のキャンペーンに登場する女性の多くは両極端で、しっかりして自信に満ち溢れているか、くたくたに疲れているかのどちらかだ。また、「子供にサッカーを習わせる郊外のママ」や「すべてを完璧にこなすキャリアウーマンのママ」「ミニバンで子供の送迎に追われるママ」など、使い古されたステレオタイプのキャラクターも多く見られる。

だが実際には、女性は自分にとって本当に意味のあるものに反応し、理想ではなく現実にひかれるものだ。女性顧客が自分にとって意味があると感じ、何かを学べるような本物の人間を登場させられるよう、マーケターは知恵を絞らなければならない。

また、現実世界の多様性を何らかの形で再現し、もっと面白味のある多面的なキャラクターを登場させる努力も必要だ。ジャスト・アスク・ア・ウーマン社のCEOであり、女性消費者に詳しいマーケティング・コンサルタントのマリー・ルー・クインランは、主だった大企業と協力して、広告をもっと女性の共感を呼ぶものに変えようとしている。クインランは、型どおりのキャラクターを避けて、多面性を付け加えるよう勧めている。

「きりっとしたエグゼクティブ・ウーマンが実は情熱的なラテンダンスの名手だったり、地味な女の子が派手に笑ったり、隣のグラマーな美人妻が大の掃除好きだったりすることもあるのです」

キャラクターをより深く掘り下げて見せれば、潜在顧客の関心を確実に引きつけることができるし、典型的な女性の生活には二面性があるという事実を正確に反映できるだろう。

「『タイトル・ナイン・スポーツ』のスポーツウェア・カタログが好きなのは、服を着ているのがどこにでもいそうな女性たちだからです。説明書きによると、実際にモデルの多くがプロではなく同社の社員やその友だちだそうです。それって、結構すごいことだと思いますよ」
（小売店オーナー兼二児の母　ロビン・K　三二歳）

絆とチームワークを重視する

どう見ても、多くの女性にとって競争心は底力でも原動力でもない。聞き飽きた表現だし差別的に響くかもしれないが、女性はたいてい、どうにかして和を保ち、争いを避けようとする。皆が喜ぶ方法を見出すことが、最良の結果を生む場合が多いと知っているのだ。だから、女性はチームワークを好む。

女性にとって重要なのは、協力的な対話だ。経済的成功や野心の実現が強いモチベーションとなるのは、男性でも女性でも同じだが、女性の場合、だからといって誰かの先を越したり、人を貶めることが重要だとはまず思わない。一般に女性は「女性が男性を出し抜く」という内容のメッセージには反応を示さない。それよりも、女性にとって大きな価値を持つ典型的な物事を取り上げるべきだ。

日常生活の中で、女性が最も生きていることを実感する瞬間にからめて、製品・サービスを紹介しよう。たとえば、夫や恋人、友人と親しく接しているときや、子供が何かを達成した瞬間、仕事をしているとき、**自分なりに**最高の成果を達成したとき、社会奉仕に打ち込んでいるとき、そして生活のストレスからふと逃げ出したくなる瞬間などだ。

物語を利用して想像力をかきたてる

よくできた物語は、製品・サービスが自分の生活にどのように馴染むかを理解しやすくするものだ。そうすれば、そのブランドとの付き合い方、あるいはブランドから得られるメリットを思いついたりイメージしたりする手がかりとなる。

自分たちのブランドは女性が欲しいものを手に入れるのをどうやって助けるのか、また女性の一日の中にどのように位置づけられるのか、考えてみよう。この際、技術的なデータや数字、製品機能の詳細な説明は脇に置いて、自社の最新の製品が女性の生活をどのように楽にするのかを、物語にして聞かせるのだ。たとえそれを可能にしているのが車の操舵性やRAMのバイト数であっても、その事実はいったん忘れよう。

スピードやトルク、カーブの正確さを強調した自動車コマーシャルや、RAMやメモリなどの技術情報を箇条書きにしたコンピュータ広告を想像してほしい。そこに人間は出てこないし、生活にどう位置づけられるのか、どう改善してくれるのかもわからない。

カメラつき携帯電話の広告キャンペーンの多くは、物語づくりがうまい。普通に考えれば、カメラ機能など必要とする人も欲しがる人もいそうにないし、ましてや日常的に利用する理由などあるとも思えない。ところが、広告で非常に魅力的な物語を提示して成功している。

一人の若い男性が何かを見て楽しそうに笑っている。彼はさっそく携帯電話で写真を撮り、その場で友人に送る——そんな物語だ。この製品があればリアルタイムで友情を保ち、新しい形で経験を共有できるという、説得力のある物語だ。

五感に訴える

ヘレン・E・フィッシャーが著書『女の直感が男社会を覆す』（吉田利子訳、草思社）で明快に述べているように、男性が「物事を細分化し、論拠を一つひとつ積み重ねるような推論プロセス」をたどるのに対し、女性は「直線的でなく、さまざまな要素の相互関係において」物事を考える傾向がある。

フィッシャーが「ウェブ思考」と呼ぶ女性のこうした思考の仕方を考えれば、女性消費者が自社ブランドに関して何を見聞きし、どんな臭いを嗅ぎ、何を感じ、どんな触感を持つかを検討することにも意味があることがわかるだろう。女性は男性よりもはるかに、あらゆることを受け止めているのだ。

女性たちは店内に流れるＢＧＭを聴き、ウェブサイトの配色を目ざとく見ている。また、サイトのコピーや広告素材を読んでブランドの感触をつかんでいる。広告の音楽や言葉や感覚にも注目しているし、店のドアや取っ手の素材の触感も確かめている。ブランドの言語は、女性が五感で感じたことを統合するとともに、五感に訴えるものでなければならない。

ちょっとしたおまけをつける

メーカー側にとっては、一〇％程度の機能追加に伴うコストなど無に等しい場合が多い。ノラ・ジョーンズのＣＤに、曲目にはない「隠しトラック」を追加しても、実質的なコストにはほとんど違いはないが、買い手はちょっと得をした気分になる。気の利いた「おまけ」が消費者の話題になれば、評判が評判を呼び、強いロイヤルティをかきたてることができる（伝道者の役割を果たす顧客をどうやって生み出すかは、あとで述べる）。

その好例が、ｅメールを通じて得意客にオンライン割引コードを告知するＧＡＰなど衣料品小売店の手法だ。筆者の一人（アンドレア）も最近、この割引コードを利用してＧＡＰに商品を注文した。すると、マドンナとミッシーの二曲入りＣＤが無料で一緒に送られてきた。こうしたおまけのコストはごくわずかだが、顧客としてはかなりいい気分になるし、今後もｅメールを読み、オンラインで買い物をしようという気にさせられる。

感情に訴える音楽の力を利用する

多くの女性、特にX世代やY世代の女性たちにとって、音楽は人生のサウンドトラックだ（ベビーブーマー世代がジミー・バフェットの曲を聴いて、ビーチで過ごした楽しい夏の日々を思い出すのとは訳が違う）。マーケターにとって、音楽はきわめて効果的なツールとなりうる。特に、Y世代市場に訴えるブランドを開発するとき、その効果は計り知れない。

ニューヨーク州立大学ストーニー・ブルック校とスタンフォード大学が実施した調査の結果、男性と女性の脳における感情的イメージの処理方法の違いが明らかになった。それによると、女性は感情的な出来事を、男性より明確かつ詳細に覚えている（やはり、と言うべきだろう）。そしてそれは、男性よりも女性のほうが脳の多くの部分を感情的な出来事の処理に用いるからだという。つまり、音楽を利用して感情に訴えれば、女性はブランドのメッセージにより強い関心を持つかもしれないのだ。

「伝道師」的顧客を生み出す

顧客を戦略の中心に据えれば、顧客はその戦略を自分のものと感じてやる気を出し、率先してマーケティングを推し進めてくれるはずだ。ジャッキー・ヒューバとベン・マッコネルが著書 *Creating Customer Evangelist* に書いているように、「ある企業の製品やサービスに接して本当に感動すると、顧客はその企業のための積極的な〝伝道師〟となる」。

そして、顧客を伝道師にすることは、透明なマーケティングの一環でもある。ヒューバとマッコネルによると、このコンセプトには六つの重要ポイントがある。

①顧客からのフィードバックを継続的に集める。
②情報を惜しみなく提供する。
③クチコミのネットワークを築く。
④顧客同士の交流と情報交換を促す。
⑤顧客の関心をつかむきっかけとなる、ちょっとした特別サービスを考案する。
⑥よりよい世界、よりよい産業の実現に重きを置く。

他社ブランドと提携する

どんなブランドも、すべての人のすべてのニーズを満たすことはできない。だから、透明なマーケティングの到達範囲を拡大するうえでは、ブランド同士の提携が重要なカギとなる。ブランドの権威、マーティン・リンドストロームは次のように述べている。

「提携することで、消費者はお気に入りのブランドに新たな使用状況の中で触れ、製品知識を増やし、ブランドをより多目的に利用できるようになる」

その点で、スターバックスはかなり進んでいる。食料品店、書籍チェーン、航空会社と提携して多大な相乗効果を上げているのだ。他社ブランドとの提携が自社顧客に本当の意味で役立つものであれば、その相乗効果で透明なキャンペーンの範囲を広げ、効果を上げることが可能となる。

努力しているのに透明になりきれない場合

女性顧客の心をつかもうと努力していることは明らかなのに、いま一つ透明になりきれていないブランドもある。こうしたブランドのマーケティング・チームは、調査段階で何らかの要素を聞き漏らしたか、十分に検討せず女性向けの広告を打ってしまったおそれがある。

透明なキャンペーンを開発するに当たって、それを常に現実に即したものにする、そして女性と本物の関係を築く秘訣を紹介しよう。

度を越さない：EPMコミュニケーションズのニューズレター「マーケティング・トゥ・ウィメン」の編集長リサ・フィンにいわせれば、「ヨープレイト」の広告「ガールフレンド・シリーズ」は、魅力的というよりわざとらしいと思われかねない。彼女は次のように辛口で書いている。

「……今どき、ヨーグルトを交換して食べ比べる女性なんていない。何気ない会話のはずが、製品があまりにも主役を占めすぎていて、どことなく嘘っぽさを感じるのだ」

顧客は実際のところ、自社製品についてどんな風に話しているのか、それに注意しておけば、ありえないドラマをつくってしまうこともない。

口先だけはダメ：「ユー・ゴー・ガール」（それでいい、その調子よ）という流行語の流れをくむ女性を応援するトーンは、楽しくてヒップな感じがするかもしれないけれど、最近ではへたにこれを用いると不誠実に見られかねない。

流行のフレーズやルックスではなく、女性にとって本当に重要なことに目を向けよう。より健康な選択肢を提供して女性の関心に訴えたり（たとえばウェンディーズのサラダ）、ユーモア感覚に訴える（たとえば家族で笑えるサブウェイ・サンドイッチのコマーシャル）ほうが、はるかに持続的な関係が築けるはずだ。

感傷的にならない：夫に寄り添う妻よりも、女性同士のグループを描いたほうが現実的かもしれないが、その場合、つい感傷的な状況になりがちなので注意する必要がある。感傷的な広告は、へたをすると男性からも女性からもうんざりされるし、彼らが店頭でそのブランドを見かけたときにまで、その感覚が甦るおそれもある。キャンペーンに用いる写真を考える前に、まず街頭調査で女性の意見を聞くこと。

男性蔑視を避ける：スタッフやマーケティング・チームが全員女性である必要がないように、広告やプロモーションの登場人物も全員女性である必要はない。第一、どこもかしこも女性だらけというのは、現実世界の企業や消費者を反映していないので、マーケティングの信憑性を損なってしまう。それに、ブランドが女性にとって重要なものとなるのに必要な新鮮で創造的な思考には、男性も女性もないはずだ。

もう一つ重要な点は、女性向けのマーケティング・チームや顧客サービス部門にいる男性たちには、自社が展開するキャンペーンが男性を疎外していないかどうかチェックする重要な役目があるということだ。

飾り立てない：女性に効果的に到達するには、女性に誠実かつ率直に語りかける必要がある。余分な言葉や誇張をなくし、女性が意味をつかみやすくするべきだ。たとえば、女性の健康増進を目的とする製品なら、美容製品と勘違いするようなパッケージで女性を戸惑わせるべきではない。

「うるさく」ならない：一味違う業界初の製品に、女性は自然と目を留める。一番うるさい存在でなくても、透明なキャンペーンで女性の気を引くことはできる。実際、ごちゃごちゃとした色やデザイン、必要以上の双方向性、ショッキングなコピーなどのうるささは、女性を完全に白けさせかねない。

透明な手法で女性に到達するうえでの一般的指針を一つ挙げるとすれば、それは「現実に即すること」だ。こう言うと、単純化しすぎだとか当たり前すぎるなどとお叱りを受けそうなので、代わりに「自社のブランドを女性の視点から見ること」と言っておこう。女性たちが自社をどのように見ているか、自社の広告をどのように聞いているか、テレビCMをどのように吸収し、自社の後援するイベントをどのように受け止めているのかを、常に考えておくことだ。

細部にまで踏み込んで理解する

透明なアプローチは、企業が女性全般に抱く当て推量や思い込みではなく、自社の女性顧客に関する実際の知識を反映するものだ。たとえば、女性なら誰でも紫色に好意的に反応するというのは、とんでもない思い込みだ。

女性たちは、どの製品特徴やベネフィットに、あるいはどの配送方法やマーケティング戦略に、最も共感しているのだろうか。最初は、余分な時間を費やしてまでそんなことを調査する価値はないと、思えるかもしれない。だが実は、こういう細かい点を突っ込んで調べるかどうかで、透明なマーケティングの長期的な成果が大きく違ってくるのだ。

ご存じのように、女性の購買心理は、その女性の世代、役割、ライフステージ、文化的影響のすべてに影響を受ける。だから、マーケティングの透明性と信憑性を保つことには意味がある。女性は日々、嫌というほど取捨選択を迫られているので、あるブランドがさりげなく自分の生活に入り込んできてくれれば、素直にそれを受け入れるのだ。

本当に透明なブランドは、わざわざ信憑性を与えようとしなくても、女性と本当に心を通じるのに必要なことが自然とできる。そんな風に女性と心を通わせるには、常に女性の考え方や生き方と共鳴し、必要なときに必要な場所で女性に解決策を示し、製品・サービスを提供する必要がある。これぞ、オーダーメードのアプローチと言えるだろう。

第4章

女性心理の分析

複雑な女心を科学的に理解する

女性の購買心理は複雑で力強い。込み入った意思決定プロセスを採る場合が多く、単純に「目についたものを買う」ことはめったにない。ある製品を一、二度見かけた後、その製品のことを考え、オンラインで調べたり友人に尋ねたりする。そして、新たな情報を織り込みながらこのプロセスを何度も繰り返して、初めて財布を取り出すのだ。

女性の購買心理を詳しく調べれば、関心とロイヤルティを引きつける特徴を見極めるのに役立つし、決め手となる透明なアプローチを開発しやすくなる。

女性の視点を科学する五つのポイント

最近、男女の思考回路の違いに触れた本が売れているが、それらは売らんがために面白おかしくでっち上げられた話ではない。実際、男女の脳は確かに違う。生物学的、神経学的、行動学的な違いがあることは研究によって明らかにされており、当然、情報の吸収、処理、保持の仕方にも大きな影響を及ぼしている。

従来のマーケティング戦略の多くは、男性の想像力をかきたてることが目的だったが、今後は女性の心の綾を理解しなければならない。そこで、女性の購買心理の働きに深く関わると思われる、男女の脳の情報処理方法の違いをまとめてみた。もちろん、時と場合によって状況は異なるが、主なポイントは五つある。

①脳と機能、その相乗作用

まず、女性の脳と機能、そこから生まれる相乗作用を理解しよう。そのうえでマーケティングに応用することにする。

脳細胞の数は男性のほうが女性を上回る傾向にあるが、脳細胞間の樹状突起の結びつきは女性のほうが密だ。女性が購買やあらゆることに関する意思決定を行う際に多くの感覚を動員し、より大きな構図で考えるのも、このためかもしれない。目で見たもの（パッケージなど）、耳で聞いたもの（店内のBGMやテレビCMの決め台詞）、感じたこと（広告メッセージへの共感）など、脳細胞はあらゆるレベルで結びつき、情報を分かち合っている。

また、左右の大脳半球をつなぐ脳梁は男性よりも大きい。つまり、女性のほうが右脳と左脳のデータ移動をすばやくできるのだ。意思決定で使われる脳波が行き交いやすいので、多様な情報を積み重ねて判断するのが得意なのかもしれない。男性は女性より脳が大きく、どちらかというと左脳をよく使う（直線的思考）。女性は男性より脳は小さいが、両脳とも自由に使いこなす（全体論的思考）傾向がある。

さらに最近の調査では、女性の大脳辺縁系は平均して男性より大きいことが判明した。つまり、自分の感情を自覚しやすく、感情表現もうまい。女性が感情のこもったイメージにひかれるのもそのためだろう。ニューヨーク大学とスタンフォード大学の心理学者が行った実験によると、感情をかきたてる写真のほうが、そうでない写真より長く記憶に残る傾向は男女を問わず見られたが、女性は男性に比べて、その写真を時間が経っても詳しく覚えていたという。要するに、女性の脳は男性よりも感情的なイメージの処理に用いる部分が広いのだ。また、他人とつながりや絆を結ぶ能力も男性より高い（育児に必要な能力でもある）。

男女の脳機能が異なるのは事実だが、どちらが優れているかは問題ではない。単に形も機能も違うというだけのことだ。違いをきちんと認識したうえで、それを根拠に女性向けのマーケティング・アプローチを考えればよい。すぐ思いつく応用法を三つ挙げよう。

女性の脳に合ったマーケティング

何もかもが重要：女性の多くは、製品やマーケティングを男性よりも全体論的な観点から見ている。左脳と右脳の連絡が迅速だからかもしれない。社員の待遇、環境問題への配慮、投資の仕方、企業の目的と社会的責任の整合性――これらはすべて、女性の購買決定に影響を及ぼす。製品と政治、人と企業を同時に広い視野にとらえ、脳内に好ましい像を結んでから、やっと賢明な購買決定を下すのだ。

矛盾は隠せない：女性は企業との取引のあらゆる面に注意を払っているので、メッセージに矛盾があればすぐに気づく。言行不一致の企業はご注意あれ。矛盾が露呈すれば、顧客を一人失うだけでは済まない。女性はがっかりすると、友人や家族のネットワークを通じて、失望感を分かち合おうとする傾向がある。

人とのつながりがカギ：女性は「自分だけの」小さな真空空間に住んでいるわけではない。

絶えず家族や友人、隣近所のことを考えている。つまり、家族の世話をしたり、交友関係を保ったりするのに一役買う製品・サービスであれば（たとえば、朝食の慌ただしい準備を楽にするシリアル、自社サイトを友人に手軽に知らせる方法を提供するなど）、女性が持つ人とのつながりを活用できることになる。

②鋭く広い観察力

女性はあらゆるレベルの情報を取り込むことができ、またたいていは男性より多くを周囲から吸収している。より全体論的な人生観を持つため、常に日常生活のさまざまな側面を一つにまとめようとする。企業の製品広告と実物の矛盾であれ、部屋の中の物の配置といった一見どうでもよさそうなことであれ、目ざとく情報を取り込んで処理する場合が多い。そこに何らかの感情的要素がからんでいれば記憶にインプットされやすく、意思決定段階でその記憶が甦る可能性が一気に高まる。

女性は身のまわりの現象に敏感だから、製品以外のブランドの表現にも気づきやすい。いったん気づいてしまえば、そうした要素を無視できなくなる。女性顧客は観察力がとんでもなく鋭い。ならばディテールを存分に与え、大いに消化吸収してもらおう。女性がブランドを好意的に見てくれれば、それに越したことはないのだから。

女性の観察力に適うマーケティング

女性の周辺視野に入り込む：日常生活の中で、自社のブランドやロゴが目につく（思い出される）場所を特定し、そのあり方を見直そう。店で流れている音楽、店員の教育、購入時についてくるおまけといった、一見どうでもよい要素もすべてブランドの一部と見なされる。周辺に散らばるメッセージが全体と矛盾していないか。無意味な場所で目につき、消費者を混乱させていないか。女性用スポーツウェア通販の「タイトル・ナイン・スポーツ」は、若い女性をよりアクティブにするための企画やイベントに絞って後援しているので、金融セミナーや農産物即売会といった見当違いの場所で目にすることはない。

「スターバックスに行くときはやっぱり、心地よいＢＧＭ、感じのよいバリスタたち、気の利いたギフトのアイデア、清潔なトイレを期待します。もしブリトニー・スピアーズの曲がガンガンかかっていたら、めまいがするでしょうね。それに、店の雰囲気にもまったく合わないでしょう」（オンライン学習専門家　ジェイミー・Ｙ　三〇歳）

マーケティング・チャネルとメディア・チャネルの統合：調査によると、オンライン上でリアル店舗と同レベルの体験を顧客に提供できないと、ブランド全体の評価が下がり、場合によってはロイヤルティの高い顧客を失うことになりかねないという。女性はますます買い物全般をオンラインにシフトしつつあるので、従来型店舗で成功してきたブランドも、ウェブサイトでの顧客体験を逐一見直し、高い期待に沿うよう努力する必要がある。

③「発見」の感覚

車を運転しているとき、女性は男性よりもよく道を尋ねる——科学的根拠の有無はともかくとして、それは真実だろう。その根底にあるものは何だろう。女性は知らない場所に出かけるとき、目的地までの道順を前もって確かめ、安心して旅を楽しもうとする。男性は、（いつかは）自分で道を見つけられると信じているので、目的地まで効率的に行くことをさほど重視せず、道を間違って時間を無駄にしてもイライラしない。

消費についても同じことが言える。女性は数カ月間に五つの製品を試すよりも、事前に調べたうえで、自分のニーズを満たすたった一つの製品を最初に購入することを好む。完全に満足できないものに時間とカネを無駄遣いしても仕方がないと考えている。つまり、男性が思うよりはるかに購入前のプロセスを重視しているのだ。そのプロセスを通じてあらゆる質問をし、間違いを犯す危険性や時間を無駄にする要因を取り除いている。

こうした発見のプロセスは、女性にとって、購入に関する助言を人に求めるチャンスでもある。先述の人とのつながりを求める傾向とも合致する。女性は質問するとき、複数のことを同時に行う。最小限の時間で最高の製品を発見しようとしながら、同時に、新たな人間関係も築こうとしているのだ。

発見の感覚に適したマーケティング

質問を引き出す：女性は快適な環境で買い物をしているときのほうが、たくさん質問する傾向がある。店舗の照明や装飾が業務的、あるいは不快なために口を閉ざしていないかどうか確認しよう。また、セミナーなどを観察して気づいたことだが、女性は女性だけのグループにいるときのほうが、新しい話題に関する議論に活発に参加し、多くの情報を分かち合うようだ（面白いことに、講師が男性か女性かはさほど関係ない）。聴衆に男性が交じっていると、女性は意見や質問を控え、自分の体験談をあまり話そうとしない。

ありったけの情報を提供する：企業側が当たり前と思う利点や特徴が、女性にとってはとりわけ重要なこともあるので、こうした点を強調するのも無駄ではない。たとえばコンピュータ会社の場合、フリーダイヤルのテクニカル・サポートは業界では常識で、女性にとってはデータ処理速度や記憶容量に負けない重要性を持つ。

学習意欲を利用する：多くの女性消費者は、新たに何かを購入する際は、今後の参考にいろいろと学びたいと考えていて、結果的に大きな力をつけることもある。つまり、教育的な手法や論調がマーケティングの強みとなる場合もあるのだ。パンフレット、セミナー、メールマガジン、ウェブサイトは、売り文句を並べるよりも情報提供型にしよう。購入を急かすのでなく、あらゆる接点でじっくりと質問し、情報を得られるようにする。オンラインでは、事細かに会員登録しなくても詳しい情報を得られるようにすること。また、製品名で検索したらいきなり支払いページに飛ぶようなつくりは避けること。

④価値観と時間の感覚

女性は、物事を除外しながら考える排除的思考よりも、あらゆるものを含めて考える内包的思考を取る場合が多い。いわば望遠レンズではなく、広角レンズを通して生活全体を見渡しているのだ。だから一消費者としては、自分と同じようにその製品を喜ぶ人々の存在を知ることに意義を見出す。内包的な価値観を持つ女性は、売上げや利益の一定割合を慈善に寄付するブランドを買いたがることもある。競争的、ヒエラルキー的な動機（より大きい、最新の、といった特徴）が男性を購入へと駆り立てるのとは大違いだ。

そうした価値観が購入の意思決定に欠かせない要素であることを考えれば、価値観のレベルで女性と心を通じ合わせることがますます重要になる。昔ながらの保守的な買い方をする女性か、環境問題を重視する女性かはともかくとして、相手の価値観に語りかけるようなマーケティングの仕方を紹介する。

女性の価値観に合わせたマーケティング

メッセージとイメージと物語を慎重に選ぶ：自社の女性顧客の価値観を本当に反映したコピーやテーマ、グラフィックを厳選しよう。たとえば、ファイナンシャル・プランニング会社なら、お金のことにもっと詳しくなりたいというニーズを、不安材料としてではなく前向きな形で、マーケティング素材やウェブサイトに表現するのだ。罪悪感は優柔不断をもたらすだけだが、自分で家計をコントロールできると豊かで力強い人生が送れるとわかれば、行動を起こすはずだ。

ブランドを中心に女性同士を結びつける：既存顧客の意見や感想、写真をできるだけ多く取り入れよう。新規顧客やサイト閲覧者の心をすばやくつかみ、信憑性を感じさせるのに、顧客の喜びに満ちた証言や笑顔に勝るものはない。できれば、実在の顧客のコメントを写真つきで掲載したい。そうすれば、好意的な言葉がよりリアルに感じられるだろう。

「女性の生活改善」をブランドの背景的理念とする：わざわざ口に出す人はまれだが、女性消費者の多くは「この製品・サービスは私の生活を改善してくれるのだろうか」といぶかしんでいる。ならば既存の優れた製品・サービスを、この疑問に答える形でリニューアルし、ネーミングやパッケージを見直そう。

数年前、ダッジキャラバンはテレビとDVDプレーヤーを搭載したミニバンを開発、子供を静かにできるという切り口で紹介した。広告表現でも、走行中の車内でヘッドホンをつけた子供たちが、けんか一つせずテレビを見て笑う姿を見せた。

化粧品を扱うマリー・ケイ・コスメティクスは「みんなと一緒に独立してみませんか」という言葉で、何千人もの女性を起業へと導いた。同社は「独立」という言葉から孤立無援の不安感を拭い去り、協力的なコミュニティに仲間入りするという新しい概念を与えた。つまり、提供する「パッケージ」は同じでも、マーケティングのアプローチを女性の価値観に合うように工夫したわけだ。

時間がお金と同じ価値を持つようになった現代、多くの女性が時間を節約してくれる製品・サービスなら、多少高くても十分値打ちがあると考えている。顧客の時間の節約を最優先させよう。次々と仕事や用事をこなす多忙な毎日を少しでも楽にしてくれるブランドという印象を与えるには、次のような方法が考えられる。

女性の時間を節約し、生活をシンプルにする

ストップウォッチを片手に、販売プロセスの全段階を見直す：なかなかつながらない顧客サービスの電話、不十分なオンライン・サービス、やたらと長い申し込み書、わかりにくいコピー――女性の役に立ちたいなら徹底的に調査し、改善すべきだ。

営業時間は柔軟に：営業時間を延長すべきか、週末にも開業すべきか、顧客サービス電話の受付時間を延ばすべきか、じっくり検討しよう。多くの動物病院は、診療時間を工夫して売上げを伸ばした。ペットを病院に連れてくるのは、ほとんどの場合、女性である。

自社製品・サービスの時間節約面を強調する：自社製品を時間節約の切り口から見てもらうには、何らかの「注意書き」が必要だろう。御利益を最大限に謳う方法を考えよう。エンタープライズ・レンタカーは、自宅から空港までの送迎サービスで忙しい旅行客の人気を集めている。同社の広告を見た女性は、頻繁に旅行をするわけではなくても、必要になったときや人に聞かれたときのために、その情報を記憶しておく。筆者の一人（リサ）も、自分では同社のサービスを利用したことがないが、人に教えたことは何度もある。

ダウンロードやナビゲーションにかかる時間を短縮する：ブロードバンドだろうがダイヤル

アップだろうが、ダウンロードに時間がかかる、何かを見つけるのに何度もクリックしなければならない、といったサイトは嫌われる（答えや製品を見つけるまでのクリック数は三回以下、ダウンロードにかかる時間は八秒以下が業界基準だ）。そうでないと、男女を問わずほとんどの顧客がそのサイトを離れ、他社のサイトで買い物をするようになるだろう。

顧客接点はすべて最大限に活用する：自社顧客がブランドとの各対話チャネルをどれくらい利用しているか追跡しよう。ウェブサイトや電話、小売店やダイレクトメール（DM）まで、チャネルを問わず女性の時間を賢く使う必要がある。必要ならチャネルの統合も考えよう。あるコンピュータ・メーカーのサイトは製品情報の提供には最適だが、技術サポートや返品には難があった。そこで同社は技術センターを併設した小売店網を構築し、サイトで修理や返品を行わなくても済むようにした。サービスの重要性が高い業種では、現行の優れたオンラインサービスを、電話（できれば対面）サービスでバックアップするのが理想だ。

⑤コミュニケーション・スタイル

女性の言語能力は男性よりはるかに高い。そう聞いても今さら驚く人はいないだろう。男性は左脳を言語に利用することが多いが、女性は右脳も使って言語を操る人が多い。社会言語学者のデボラ・タネンの観察によると、男性は会話で主導権を握りたがるのに対し、女性はどちらかというと相手と絆を結ぼうとする傾向が強いという。女性にとってコミュニケーションとは、共通の価値観や利益に基づいて絆を結び、関係を築くことなのだ。

夫や恋人との関係から流行の靴の形まで、女性がどんなにおしゃべり好きかは、男女を問わず冗談の種となっているほどだ。とはいえ、女性にとってコミュニケーションは重要だし、対話に参加したがる性向はマーケターにとってありがたいものだ。女性のコミュニケーション・スタイルに対する認識をマーケティングに反映させる方法を紹介しよう。

コミュニケーション・スタイルに合わせたマーケティング

行きすぎた自動化は絶対に避ける：女性には、昨今のハイテク化に抵抗を示す傾向がある。電話やeメールを通じてであれ、オンライン・チャットを通じてであれ、購入プロセスで生じるあらゆるコミュニケーションの向こう側に、人間の存在や何らかの信頼できる人間的なつながりを感じたがる。つまり、製品が役立ったという話題（証言広告や成功談）を取り入れてマーケティングに人間味を加える、フリーダイヤルを大きく掲載して質問や悩みに気軽に答える姿勢を示す、といったことを検討する必要がある。

関係構築の新たな機会をつかむ：女性と関係を構築する際は、女性が普段、人間関係を結ぶときと同じスタイルで行うこと。たとえば、大規模なセミナーではなく、読書クラブのような等身大の規模の学習環境を提供する、フォーカス・グループ・インタビューではなく、日帰りスパのようなリラックスした場所で座談会を開くなどである。

現代の女性にとっては、大規模な会議や教室で開かれるセミナーよりも、読書クラブや日帰りスパのほうがよっぽど日常的だ。また、自己啓発やコーチングへの関心も高まっており、販売担当者を教育して顧客と一対一で向き合える関係を築かせてもよいだろう。

物語を話すよう促す：女性をつかむためのヒントを既存顧客がもたらしてくれる場合もある。だから、女性顧客が物語を語り合える場を提供（あるいは主催）するのもよいだろう。こうしたコミュニケーション・スタイルの一面に触れる企業はほとんどない。だから、女性たちは問題解決志向のコミュニティと出会うきっかけをくれたブランドを忘れず、ロイヤルティを保ち、友人たちによい評判を広めてくれる可能性が高い。

たとえば、『女性の生き方を変える更年期完全ガイド』（片山陽子訳、創元社）の著者で医学博士のクリスティアン・ノースロップが開いたクリニックがまさにそれだ。女性たちが体験を語り合い、医学的な指導を受け、より健康的な生き方を見出せる場として大成功を収めている。ノースロップ医師は患者のニーズにことごとく応えるだけでなく、何百人もの女性が更年期問題を語るのを聞くことで、更年期障害治療の最前線に躍り出た。今や更年期問題の第一人者であり、その研究は多くの女性にとって重要な情報源となっている。

女性のショッピング術——四つの特徴

女性の購入プロセスは、単に何らかの必要が生じてから、クレジットカードを持って店に急ぐというものではない。ここでは女性のショッピング術を四つの主な特徴にまとめた。どれも典型的な購入プロセスに含まれる要素だ。わかりやすく示すために、女性たちのコメントもいくつか添えている。

①賢いショッピング術を身につけ、利用する

女性は実体験とシンプルな観察眼を併せ持つので、そもそも買い物が上手だ。多くの女性は母親が家事を切り盛りするのを見ながら育ったため、効率的なショッピング術が習い性のようになっている。スープの素を選ぶにしても、小児科を探し出すにしても、友人に相談する、比較購入する、複数の参考書をチェックする、信頼できる専門家の指示を仰ぐ、クチコミ（家族を含む）に頼るといった要素が順不同で購入プロセスに含まれている。

高額商品やメンタル面で重大な意味を持つもの、あるいは初めての製品ではなおのこと念入りになり、販売担当者や家族の目には度を越しているように（また永遠に続きそうに）映るかもしれない。だが、いったんすべき検討を終え、ベストな製品・サービスを見極めたあとは、男性よりも長く愛着を持ち続けることが多い。事前に懸命に調べ、比較検討するだけあって、信頼が裏切られるまでは自分の決断を信じ続けるのだ。

「何かを初めて買う前には、普段より調査に時間をかけます。経験上、いったん過ちを犯すと修復に時間と手間とお金がかかると知っているからです。単によい選択をするだけでなく、自分にとってベストな選択をすることが目標なのです」（会計士 キム・O 二九歳）

女性ならではのショッピング術を尊重するには

手っ取り早く売りつけようとせず、女性たちがベストな選択にたどりつくまでを全力で支える販売文化を醸成しよう。

販売担当者や顧客サービス担当者に必要なツールと権限を与え、顧客や見込み顧客のために手間と時間をかけられるようにしよう。ノードストロームでは、商品交換プロセスを簡素で快適なものにするため、店員に大幅な権限を与えている。顧客はあれこれ理由を言う必要がないとわかっているので、気軽に商品を取り替えてもらえる。

できれば、同じ顧客サービス担当者が一人の顧客を最後まで（三〇分でも三〇日でも）担当し続けるのが望ましい。もちろん、大規模な顧客サポート事業を抱える企業が個人的対応をしようとすると、コストがかさみすぎる。妥協案としては、顧客からの問い合わせにコード番号を付与し、システム全体を通じて追跡できるようにすれば十分だろう。いずれにしても、顧客が確認の電話を入れるたびに一から説明しなくても済むよう、スタッフがどの顧客記録にもいつでも自由にアクセスできる権限を与えておくことだ。

②大切な人々のニーズを重視して意思決定を下す

女性は大切な人々のニーズに合わせて優先順位を決める。どんな問題についても、夫や恋人、子供、孫、年老いた両親、友人、場合によってはペットの意見まで視野に入れて判断を下す。何かを買ったり、購入に直接的な影響を与えるのは、「自分だけのため」ではなく、愛する人々のためであったり、愛する人々が関わっているからである場合が多い。

不動産や金融サービスから大型家庭用品や自動車に至るまで、女性は家庭の買い物の大部分に決定権を持つ。消費購入の大半を担い、個人小切手の大半を切り、クレジットカードやデビットカードの利用明細の大半にサインしている。情報収集から返品に至る購入プロセスの中で女性と接したとき、相手を見下したり、業界に無知な客のように扱うと、女性顧客との関係を始まる前に終わらせてしまうおそれがある。

造船業のように伝統的に男性優位の産業の場合、新参者の女性消費者を見下さないようにするには努力が必要だろう。実際、あるボート・メーカーの女性マーケティング・ディレクターから聞いた話では、女性がボートの展示会に行っても、未だに連れの夫やボーイフレンドの目しか見ないセールスマンもいるし、相手が女性バイヤーとわかっても冷たくあしらう場合さえあるという。

女性顧客に対し、購入決定権者にふさわしい丁重な対応ができているという自信がある人はどれくらいいるだろうか。

大切な人々への気遣いと意思決定を尊重するには

女性が家族（夫、子供、年老いた両親）のために製品を購入する際のパターンを見極め、支援する。たとえば、女性は家庭の中で医者の役割を果たす場合が多く、市販薬の購入から治療法の選択まで、意思決定の大半に携わる。そこで、家族全員の処方薬を常に把握できるよう手助けする。また、（妥当な場合、当事者の許可を得たうえで）頻繁に購入する製品やブランドの情報を収集すれば、それらの値引きを提示できる。

「私はいつも情報のアンテナを立て、将来、父や家族の誰かが困ったときに解決策となりそうな情報を常に集めています。あちこち歩き回り、家族に必要なものを見つけ出して買うのは、たいていいつも私の役目です」（歯科助手　クリス・H　三八歳）

女性の生活の中にいる人々にどんな恩恵をもたらすかによって、自社の製品・サービスをポジショニングする。その典型的な例が、一カ所で家族全員の買い物ができるデパートだ。ほかにも、オイル交換チェーンのジフィー・ルーブが待合室に子供の遊び場を設けたり、ファイナンシャル・プランナーが女性の引退後の生活だけでなく、年老いた両親の引退後の家計指導に役立つ情報も提供するといった例がある。

最初からよいサービスを提供できるよう、全社員を教育しよう。顧客の人口統計的な特徴を理解し、女性の重要性や購買力を認識できるようにする。女性の購入プロセスの第一段階、つまり調査段階は、ブランドへのロイヤルティと信頼を醸成する大切なチャンスだ。

女性は自分に必要な情報を与えてくれて、お金を支払う前から自分をきちんと扱ってくれるブランドの製品・サービスを買いたがる。それにはボディ・ランゲージの活用と一体感が重要だ。常に顧客の目を見て話す癖をつけ、オンラインでも同じくらい誠実で率直な存在感を醸し出そう。さらに、ブランドと一体感を持てるような会話を築き、彼女たちの意見や悩みを尊重し、製品・サービスについて突っ込んだ質問をしやすい環境をつくろう。

③インサイダー情報を求め、継続的な関係を重視する

新しい製品・サービスを試そうとする女性は、調査段階の第一歩として、すでにそれを持っている人や使っている人の意見を聞こうとする。その女性本人が詳しくない製品や業界について、ほかでは得がたい確かな情報を与えてくれる人物、しかも偏見がなく信頼できると思える人物が「インサイダー」だ。

ほとんどの場合、その製品の消費者である友人が理想的なインサイダーとなるが、ときには販売員や専門家が例外的に、この名誉あるインサイダー役を果たす場合もある。たとえば、人気トーク番組司会者のオプラ・ウィンフリーは、彼女が薦める本や製品のインサイダー役を果たしている。また、サイバースペースでは、ニューヨークやロサンゼルスの無名で風変わりな店やレストランを紹介したデイリー・キャンディのeメールが、友人からのとっておきのインサイダー情報のような役割を果たしている。

インサイダー情報収集を支援するには

回覧型の資料（オンラインや印刷媒体）や紹介制度によって、女性の個人的なネットワーク

力を認識し、尊重し、活用しよう。新たな情報を簡単にすぐ分かち合える手段を提供しよう。たとえば、しかるべきeメールやウェブサイトに、「友人に送る」「印刷する」といった機能を持たせる方法もある。

マーケティング、販売、顧客サービスの全段階を通じて、(対面でもeメールでもよいから)一定レベルの対話を保とう。女性が他人に意見を求めるのには、時間がかかることもある。だから、購入の意思決定が遅れる場合もあることを理解し、受け入れる。信頼を得るのに焦る必要はない。

「私はいつも、お目当ての製品を持っている人たちにアドバイスを求めます。検討するブランドを絞り込むには、これが一番早いのです。自分の体験を語っても一銭も儲からない人々だけに、信憑性があるのです」(オフィス・マネジャー ダーシー・P 二三歳)

購入前の情報収集段階で企業との絆ができたと感じた女性は、購入後のサポート段階までずっと同じような関係が続くことを期待する。エンバイロセル社の創立者でCEOのパコ・アンダーヒルによると、興味深いことに、女性が人間味を重視し、購入プロセスにもそれを求めるのに対し、男性はむしろ製品ディスプレーやパンフレットから情報を集めたがる場合が多いという。

継続的な関係を結ぶには

情報を提供するだけでなく、その情報を議論し、消化し、理解するための時間も与えよう。電話、eメール、オンライン・チャットの顧客サービス担当者には、できるだけ優秀でよく訓練された人材を充てる。eメールやウェブサイトには、代表のアドレスではなく、フリーダイヤルや担当者個人のアドレスを提示し、利用を促したい。

そのためには、顧客の質問に答える専門の「仮想担当者」を置き、個人名のアドレスと回答案をつくるスタッフを用意する。筆者も、たとえば家電製品の問い合わせをするとき、質問受付専用の匿名的なアドレスにメールを送るよりも、「スタン・ジョンソン」といった個人名宛てに直接メールを送りたいと思う。仮想の人物なのか、実際にメール回答担当者なのかは問題ではない。個人名宛てに質問を送るほうが、人間味を感じるということだ。

専門家相談窓口や顧客サービスの名称とパッケージを見直し、初めての顧客でももっと気楽に安心して利用できるようにする。たとえば、証券会社の営業担当者と会うにしても、「購入打ち合わせ」の約束をするより、無料の「ファイナンシャル・コーチング」の約束をするほうが、事前調査中の人には気が楽なはずだ。

④比較購入する

女性は人脈を通じて情報を探るだけでなく、自分でも資料を読んだり調査をしてデータを集める。特に、大きな買い物を検討しているときには、入手可能なブランドの特徴、利点、価格帯、信頼性を丁寧に調べる。雑誌記事、テレビ番組、購入ガイドなど従来型の情報源を活用するだけでなく、ユーザーや専門家のアドバイスを紹介したEピニオン・ドットコムなど専門サイトを頼りにするケースも増えている。

スターバックスは、シェリル・クロウら人気アーティストのお気に入りの曲を集めた「アーティスツ・チョイス」というCDシリーズを開発し、仲間内での推薦やインサイダー情報を活用した。シェリル・クロウの歌が好きな人が、彼女の薦める曲も気に入るのは当然だろう。

「私はたいてい自分で調べて製品を比較検討するのですが、ネットのおかげでその作業はぐっと楽になりました。また、関連するテーマの本を買って、著者のお薦めを確認することもあります」(元教師　アニー・L　六三歳)

意外かもしれないが、高級ブランドは顧客が比較購入することを恐れる必要はない。むしろ心から奨励し、支援すべきだ。業界事情を詳しく調べて把握した女性は、いずれにしてもその製品・サービスが業界トップだと判断することになるからだ。

比較購入を支援するには

マーケティング素材を開発する前に女性の意見を注意深く聞き、自社製品・サービスを判断するのに役立つ教育やプログラム、業界基準の知識を提供しよう。

自社製品と競合製品の特徴比較表をサイトで提供する。これにはリスクも伴うが、その価値はある。たとえそれを見た女性が今回は他のブランドを買っても、いずれまた調査のためにそのサイトを訪れるだろう。そうすれば、自分の購入決定に最も役立つのはこの企業だと気づくはずだ。

消費者の証言、専門家のコメント、受賞歴、認定証など、インサイダー情報や専門家の意見と見なされるものをマーケティング素材（オンラインもそれ以外も含めて）に取り入れよう。同タイプの製品・サービス全般について、購入時に求めるべき点（と避けるべき点）を、配布物やeメールの講座やアドバイスで知らせる。また、情報源のリストや、お薦めの参考書やウェブサイト、リンクつきのオンライン・コンテンツを紹介して、比較購入する際の役に立つようにしよう。

女性の購買心理を知ることは、第一歩にすぎない

女性の購買心理への理解を深めると、複雑な意思決定プロセスに自社ブランドを役立てるチャンスがあることに気づくはずだ。製品を棚に並べ、潜在顧客が（パッケージ・デザインがよいとか、棚の目立つ場所にあるからという理由で）買ってくれるのを黙って待つだけではダメだ。女性の日常生活の実状を深くブランドに反映させることで、自社の時間節約型製品が絶対に必要だとわかってもらえるよう、積極的に働きかけよう。

また、今しっかりと役立っておけば、「このブランドは将来必要になりそうだ」と思ってもらえるはずだ。手間ひまかけて女性顧客のことを学ぶのは、たった一回買ってもらうためではない。

女性は購買心理のスイッチを常に入れっぱなしで、自分や家族、その他大切な人々のための製品を目ざとく探している。しかも、単に製品を買うだけでなく、ちょっとした「付加価値」を得ようとする。少し何かを教えたり、初めての購入に自信が持てるよう手助けしたりするだけで、点数がにわかに上がるのだ。

女性の購買心理は、マーケティング・コピーの真意を見透かし、そのブランドが自分の生活

にもたらしうるより深い価値をすぐに見抜く。だから、購買心理に基づく行動や複雑な意思決定プロセスの構造にぴったり合ったブランドやマーケティング・アプローチを開発する必要がある。そのうちに、抜け目のない女性顧客についても情報と経験が蓄積されていき、「女性心理は永遠の謎」などではなくなっているはずだ。

第5章

世代別に見た女性の特徴

Y世代からシニア世代まで

女性市場をセグメント化する方法はあまりに多く、どこから手をつけるべきか迷うかもしれない。だが、各世代の女性たちの経験や、人生に影響を及ぼした事件から検討すれば、ある層に共通する視点を形づくる要素の特定に向けて一歩を踏み出せるだろう。

集団に共通する経験や記憶を探ることで、基本的なニーズやウォンツを駆り立てるものが見えてくるかもしれない。特定の世代を丹念に理解し、各年齢層の特異性を学べば、女性の物事に対するプライオリティをマーケティングに反映できるようになる。そうすれば、女性を理解するブランドとして感謝されるだろう。

特定の年代に生まれた人々の共通点や、ともに体験した社会経済状況は、消費者行動を理解するうえで大きなヒントを与えてくれる。消費者の視点を形成する世代的要素は、マーケティング戦略上、基準線となるものだ。もちろん、その世代のすべての女性が同じ傾向を有しているわけではないが、一方で当然ながら、男性の多くも同じように、世代的に共通する特徴を持っている。本章では主に、象徴的な四世代を取り上げる（表5-1）。

Y世代：スピーディで敏感な女性たち

パソコンやインターネットとともに育ったY世代が二一世紀社会の先頭に立とうとしている。この若い女性たちは全般的に教育レベルが高く、大学生や大学院生の数で男性を上回っている。豊かなベビーブーム世代の親に育てられ、彼らをロールモデルとするY世代は、常に順風満帆を期待し、行く手を阻むものを踏み越えていく。

この世代の抜け目のない購買心理に、小売企業や映画制作者は以前から目をつけてきた。ネットはY世代にとってテレビと同じくらい慣れ親しんだものであり、製品、映画、音楽、サービスを売り込むのに欠かせないチャネルだ。

表 5-1　各世代の特徴

世代の名称	生年	2003 年の年齢	人口（推計）	女性人口（推計）
Y 世代	1980-1997	6-23 歳	7420 万人	3620 万人
X 世代	1965-1979	24-38 歳	6210 万人	3080 万人
ベビーブーム世代	1945-1964	39-58 歳	8020 万人	4080 万人
シニア世代	1945 年より前	59 歳以上	5070 万人	2870 万人

Y世代の購買行動に影響を及ぼすもの

この世代を相手にするには、気を引き締めてかかる必要がありそうだ。彼女たちの人格形成期に特有の体験（特にネットを巡る体験）に訴え、楽観主義や特権的感覚と共鳴する方法を学ぶこと。歴史上最もたくさんの広告にさらされてきた世代であり、自分たち向けのブランドには、ほかの世代よりいっそう多くを期待しがちだ。

私たちはこの挑戦を受けて立つ必要がある。Y世代の女性は合計約三六二〇万人に達し、今後何年にもわたって最大の市場勢力およびマーケティングの焦点となるからだ。

では、Y世代特有の、ブランド観に影響する要因を挙げてみよう。

楽観主義：ITバブルの崩壊と九・一一テロを経験したが、全般的に豊かな生活観を持ち、物の見方はおおむね楽観的で、安心感に満ちている。

ハイテク通：コンピュータのない生活を知らないデジタル世

代。携帯電話やポケットベル、インスタント・メッセージが日常生活の一部と化しているので、ITスキルを自然と身につけており、画期的な新技術を待ち望んでいる。ITと親しんできたことで、欲求はすぐ満たされるのが当然と思っている。一二～一五歳の女性はネットの利用が最も急速に伸びている層の一つであり、一二～一九歳では七〇％近くが毎週ネットを利用している。

行動的：教えられて学ぶよりも、自ら試して発見することを好む。受け身の姿勢で物事を観察したり知識を吸収するのではなく、自分から率先して行動を起こす。

特権的感覚：満ち足りた生活環境を与えられてきたので、結果（たとえば名声や財産）を即座に求めがちだ。

多文化的：保育園に通いだしたときから、さまざまな肌の色や文化が入り交じる人種のるつぼで育ってきた。多様な人種から成る多様な文化に慣れ親しんでいる。若者を対象としたギャラップ社の調査によると、この世代は最も人種的偏見が少なく、現在の人種関係に最も不満を抱いている。

個人主義的：自立心と独立精神に富み、自分たちのテイストに合った製品を求める。商品を買ったあとですら個性を発揮したがる。つまり、カスタマイズがカギなのだ。清涼飲料水メーカーのジョーンズ・ソーダは自社サイトで写真を募集しており、運がよければ同ブランドのボトルのラベルに採用され、ちょっとした有名人気分を味わえる。すでに六万枚以上の応募があり、ラベルに採用される確率は低いものの（年間四〇点のみ）、こたえられない魅力となっている。採用されなかったとしても、有料であれば、自分の撮った写真をラベルにしたボトルの一二本パックを注文できる。

教育重視：教育を重視するベビーブーマー世代の両親の影響を受け、学歴が必要な職に就こうとしているY世代の多くは、成功へのカギが高等教育にあることを知っている。一般に大学生数では七九年以降、大学院生数では八四年以降、女性が男性を上回っており、その流れを踏襲している。

社会意識：自分たちにも社会を変えることができる――学校や教会でそう言い聞かされて育ったために清々しいまでの利他主義の姿勢が見られ、環境、貧困、地域社会などの問題にも関心が高い。ニール・ハウとウィリアム・ストラウスの *Millennials Rising* によると、「調査の結果、Y世代の六人に五人が、環境改善に向けて最も大きな責任を担うのは自分たちの世代だと答えている」という。

混乱とストレス：いくら楽観的とはいえ、一皮むければごく健全な混乱とストレスを抱えている。実際、新たな責任と自由が嵐のように襲いかかり、無力感や優柔不断やパニックに陥りかねない年頃なのだ。Y世代に蔓延するこうした感覚を表現するため、「人生の四分の一の危機」という造語まで生み出されているほどだ。

自立と協調：何事も自分流で処したがる一方、チームワークにも熱心に取り組む。また、自分のスキルに自信があり、大胆にリスクを冒す。Y世代の多くは年齢のわりに自信に満ちていて、ITに関しては年上の人々に教える側に立っている。

起業家精神：Y世代が登場するまでは、X世代がアメリカ史上最も起業化精神に富む世代とされてきた。X世代に励まされ、ベビーブーム世代の親から資金提供を受けることの多いY世代は、記録的なペースで事業を興しつつある。コーフマン起業指導力センターによると、二〇〇〇年に「独立開業に興味を示した人の割合は、全体では約半数だったのに対し、一四～一九歳では六五％以上に上った」という。

Y世代女性の特徴をブランドに反映する

スタイルに敏感でITに強く、親の世代と比べて瞬間的な魅力を重視する。何でもスピーディに騒々しく（比喩的な意味でも、文字どおりの意味でも）訴えかけてきてほしいと思っているのだ。また、衣料品ブランド「オールドネイビー」が二〇〇〇年代前半のテレビ広告で打ち出したような、八〇年代風のリバイバル・ファッションも楽しんでいる。

マーケティング・チームにY世代がいない場合、価値観を反映したメッセージを開発し、共感をつかむには相当の配慮が必要だ。以下に好感度を上げるポイントを紹介する。

・事前にパッケージ化されたコンテンツを従来型のマスメディアで流しても、この世代の極端に高い期待に応えられる見込みは薄い。
・典型的なネット世代であり、カスタマイズされ、個別化されたものを求めている。
・自己発見は尽きない欲求であり、それ自体が目標である。娯楽としてパッケージ化されたクイズ形式などの自己学習企画が大いに受けている。
・製品・サービスについてあれこれ説明するよりも、ウェブサイトで自発的に知りたいことを発見できるようにする。
・情報の共有や比較を促し、買い物の社交的側面をオンライン・ショッピングにできるだけ取り入れる。たとえば、シャツの写真を「すごく気に入ったんだけど、どう思う?」とメッセージをつけて友人にメールできるようなツールを提供してもよい。
・疑い深く、世間慣れしている。生まれてこのかた無数のマーケティング・メッセージにさらされており、納得のいかないコンテストやインセンティブ、うっかりクリックすると思いもしないサイトに飛ぶポップアップ広告といった策略には警戒心を持つ。
・複数のメディア・チャネルを通じてブランドに触れることを期待し、企業のオンライン部門とオフライン部門が継ぎ目なく融合されていることを望む。
・テレビ番組や映画に製品を登場させるプレースメント広告や、コンサートの後援を通じてブランドをアピールすれば、この世代に大きな影響を及ぼすことができる。
・瞬間的に心をつかみ、楽しませる。ただし、彼女たちのペースを落としてはならない。ハイテク通の彼女たちは、それが可能なことを知っている。
・コンテストやプロモーションを通じて無料で何かをもらうことを、当然のように期待している。
・eメールを送るときには、具体的な用件に絞り、思わず魅力を感じるような提案をしよう。マス市場向けのメッセージは単なる迷惑メールと見なされる。
・仲間内のクチコミやバイラル・マーケティングを利用する。Y世代の特に若年層は、特定の芸能人やCD、映画を草の根的に強力にバックアップしてきたことで知られる。
・製品・サービスやブランドを、使い方がわかればすぐにパーソナル化できるようにする。パーソナル化の例としては、コロラド川で急流下りをするときにデジタルカメラで一風変わった写真を撮るなど、個性的な使い方をしたり、ジーンズに刺繍をしたり絵を描いたりするなど、創造的な工夫で、より自分らしいスタイルを表現することが考えられる。

Y世代女性は、全般的に抜け目がなく敏感だ。最も成長著しい消費者集団で、女性市場のなかでもとりわけ重要なセグメントである。独自の哲学や意見を反映したブランドならば、「自分のもの」という意識を抱いて受け入れてくれるだろう。携帯電話であれ、車であれ、ファッションであれ、どんどんよいものに買い替えようとするので、持続的な関係を築くことは長期的に見ても重要だ。

複雑でとらえどころのない世代だが、一斉に労働市場に参入する年頃となり、経済的影響力は強まる一方だ。両親や兄・姉の世代とどう違うかを理解し、洗練された消費者として接しなければならない。

Y世代的ビジネス——携帯電話関連

一五〜二四歳のアメリカ人の五〇%以上が携帯電話を所有するなか、利用時間、通話回数、メッセージ送信件数、ワイヤレス・データ・アクセス数と、どれをとってもY世代が他の世代を上回っているのは意外ではない。所有率の高さと利用統計結果は、Y世代の、特に女性と携帯電話との強い結びつきを示している。こうしたワイヤレス通信機器は、この世代の女性が重視する自由を体現しているのだ。

携帯電話があれば、実家や寮でも、ルームメイトがいても、自立していられる。メールやネット、カメラといった機能も、独自の仲間づくりを可能にしている。

携帯メールのおかげで、時間や場所に関係なく常につながりを保っている。学校の教室から課外活動へ、ショッピングモールからパーティへと移動し、家に帰るまでの間にも、外出先から社交生活を管理できるわけだ。もちろん、今後開発される新しいデータ・サービスも積極的に採用することだろう。

ネクステル・コミュニケーションズが「ライフスタイルに基づく電気通信事業」を謳って設立した子会社、ブースト・モバイル社は、この世代のＩＴ好きを巧みに利用している企業である。双方向トランシーバー機能つきのプリペイド・ワイヤレス電話サービス、プリペイド通話カードと多様な付加機能、Ｊａｖａ対応の携帯用ゲーム、着信メロディのダウンロード・サービス、その他の最新モバイル・サービスなど、若年市場向けの通信サービスの開発・提供に専念している。

同社のマーケティングは、アクションスポーツや音楽、ファッション、娯楽など若者の活動を中心に据えており、黒とシルバーを基調とするウェブサイトには、サーフィンやスケートボードのアクティブな画像を取り入れている。

同社はさらに、若い女性に人気のファッション・ブランド「ロキシー」（アパレル・メーカーのクイックシルバーの一部門）と共同で新しい機種を開発。単なる通信機器ではなく日常生活の一部、つまりファッションや自己表現の手段とした。両社が共同開発し、モトローラが製造する携帯端末のデザインとカスタム機能は、ロキシーの服と同じく、自由と楽しさと個性表現の象徴なのだ。以下に主な機能と特徴を紹介する。

・ロキシー・ファンの少女を想定して選んだ着信メロディには、「ファンキー・タウン」「ハイスクールはダンステリア」「夢のカリフォルニア」「ウキウキ・ウェイク・ミー・アップ」などの人気曲が含まれている。
・ＴＨＱの「テトリス」や「スヌード」などＪａｖａ対応ゲームを標準搭載。
・信用調査、隠れた請求項目、月額料金はなし。ユーザーは、「リ・ブースト」と呼ばれる通話料前払いカードを、必要な通話時間分だけ購入すればよい。
・「ブースト・ツーウェイ」と呼ばれる広域トランシーバー機能。
・スピーカホン機能、最大二五〇件登録できる電話帳、ボイスメール機能、バイブレーション機能を内蔵。
・全国ローミング、メール、インターネット常時接続を提供。

携帯電話に学ぶ、心をつかむ教訓

戦略ブランドを通じてライフスタイルに自社製品を位置づける：ブースト・モバイルは、若年世代特有のライフスタイルや行動にぴたりと合ったポジショニング、企業提携、流通チャネル、サービス内容および料金体系、携帯端末などを目指している。

常に技術の最先端を走り、より優れた製品とより多くのアクセスを提供：ベライゾン・ワイヤレスも、モバイル・インターネット・サービスを通じて一〇代市場の開拓に成功した企業の一つである。同社は、一五〜二〇歳向けのグローバルなコミュニティ・サイト「ボルト」と提携し、WAP対応機器で双方向通信ができるワイヤレス・プラットフォーム「ボルト・エブリウェア」を利用できるようにする予定だ。

ボルトは独自の双方向通信ツールやサービスを通じて、ティーンエージャーたちにeメール、ボイスメール、ボイスチャット、メンバー検索、インスタント・メッセージを提供している。まさに「より多くのアクセスを提供」しているわけだ。

新たな流通チャネルを見出し、活用する：ブースト・モバイルの電話機は、ベスト・バイ、ウェアハウス・ミュージック、グッド・ガイズ、ウォルマート、ワイヤレス機器専門店、ロキシーなどのクイックシルバーの製品を置く若者向けファッション店など、若者が好んで買い物をする八〇〇以上の店で売られている。全国チェーンの小売店、コンビニ、CDショップ、サーフィンやスノースポーツの専門店で取り扱われることで、ライフスタイル文化のれっきとした一要素となっている。

若い女性が個性を発揮できるインタラクティブ製品を提供：ロキシーの携帯端末は、ロキシーのデザイン・チームとマーケティング・チームが選んだ着信メロディを内蔵している。好みの着信メロディや画像を追加してカスタマイズしたり、好きなスポーツやポップカルチャーなどのコンテンツをダウンロードすることもできる。着信時に光る着せ替えパネル、カバー、ロゴ入りケース、デスクスタンドといったアクセサリーもある。

支払い上の障害をなくし、柔軟な選択肢を提示：ブースト・モバイルの販売チャネルでは、信用調査や隠れた請求項目、月額料金は一切ないことを保証している。顧客は「リ・ブースト」カードを買って必要な通話時間分の使用料を前払いするだけでよい。このカードにはいくつかの金額があり、若者が日常生活の中で訪れやすい場所（ブースト・モバイルの指定販売代理店やセブン‐イレブンなど）で販売されている。

ワイヤレス・インターネットを手軽で身近なものにする：ベル・モビリティ社はこのほど、プリペイド・デジタル携帯電話サービス「ソロ」をY世代向けのワイヤレス・インターネット・サービスに衣替えした。ソロの加入者は支払い済みの通話時間を利用して、通話だけでなくインターネット・サービスも利用できる。さまざまなサイトにアクセスし、eメールを送り、ヤフー・インスタント・メッセージを利用し、コンサート・チケットの抽選に応募し、オンライン・ショッピングを楽しめるようになっている。

Y世代にコントロールさせる：柔軟性のないプラン、機能に乏しい電話機、お節介なマーケティング・メッセージ、迷惑メールなどを一方的に押しつけても無駄だ。この世代には、個性的な自分だけの世界をつくり、自分なりのやり方でコミュニティを築けるような力を与える必要がある。

X世代：現実的なリスクテイカー

X世代の女性たちは、後述する世代的特徴や影響を受けた社会的変化からもわかるように、Y世代ほど簡単に定義できない。そこで、彼女たちの考え方を見極め、購買心理において自社ブランドがどう見られているかを知るための指針をいくつか示すにとどめる。

二〇〇三年における二四〜三八歳の女性人口は約三〇八〇万人。うち三〇〜三四歳の女性が一〇五〇万人で全体の三四％を占め、最大のセグメントとなっている。

一風変わった、あるいは未知の存在として登場したせいか、当初はシニカルで信用がおけない、怠け者の不満家世代として報道されることが多かった。メディアの誤った見方のせいで、

X世代が広告不信になったおそれもある。人口の多いベビーブーマーやY世代のように注目を集めることもなかった。とはいえ、年を重ね、その行動についての研究や報告が進むにつれ、このヤングアダルト層に対する評価も、メディアの勝手な言い分から、本質を反映したより前向きで力強いものへと変わってきた。なかでもX世代の女性は起業家精神に富み、リスクを恐れず、現実的で適応力があると見なされている。

X世代の購買行動に影響を及ぼすもの

不満家にして現実的な起業家。なぜこんな両極端な描写をされるようになったのか。人格形成の過程で、ウォーターゲート事件、七〇年代の石油危機、ベトナム戦争、人工妊娠中絶の合法化、離婚率の上昇、映画『スター・ウォーズ』の公開、PC革命、エイズの蔓延といった出来事の影響を受けてきたこの層の特徴は何か。経験はどのような消費者行動へと駆り立てるのか。X世代の人生観を規定する影響要因を挙げてみよう。

伝統的でない生育環境：離婚家庭の子供が増えた、鍵っ子の第一世代。家族や所属を感じさせるものに敏感だが、それは伝統的な核家族を意味するわけではない。友人が家族そのもの、あるいは家族代わりになることも多い。

性別にこだわらない：職場で平等を求めて闘う母親を見て育ち、仲間と接するときにも総じて性別にはこだわらない。特にX世代の女性は、消費者としても職場においても、女性に優しすぎる企業環境より、性別にこだわらない環境を当然のように期待するし、そのほうが好きなようだ。

学習意欲が強い：X世代は変化や成長を受け入れる。というより、それしか知らない。だから生涯教育やキャリア開発に真剣で、高校卒業者が過半数を超えた最初の世代でもある。生来、学習意欲が強く、結果として起業家精神に溢れ、リスクを恐れず、現実的で適応力のある生き方をしている。

ＩＴに詳しい：家庭用コンピュータの開発が進むなかで子供時代やティーンエージャー時代を送り、男女を問わず、ＩＴスキルの学習には苦労しない人が多い。ネット世代の先頭を行くX世代の女性たちは、子供時代や思春期に男性と同じだけの時間をコンピュータの前で過ごしてきた。

「自分だけ」のために：非伝統的な環境で育ったため、何も考えずに親と同じ人生を歩むことはなかったし、今後もないだろう。その傾向がとりわけ顕著なのが「私だけ」の時期を楽しむヤングアダルト女性たちだ。結婚を先延ばしし、高収入の仕事に就いて裕福な生活を謳歌、気まぐれや衝動買いを存分に楽しむことで前世代のしきたりを打破している。

母親業の先延ばし：こうした傾向を裏づけるもう一つの現象が、出産時期を先延ばししたり、生まない選択をする三〇代前半の女性の増加だ。一九七六〜九八年の間に、子供のいない三〇〜三四歳の女性の割合は一五・六%から二七・四%に増加している。

専門職キャリア：以上の特徴から考えると、X世代女性が企業の重要な戦力であるのも不思議はなく、同世代の男性とほぼ同じ確率で役員や管理職に就いている。専門職に起用される確率は男性より高い。総じて親の世代ほど規則や方針に進路を阻まれることがなく、必要と思えばすぐ仕事を辞め、別の仕事を探そうとする。また、出産を先延ばしにしてキャリアウーマンを自認していても、時期が来れば家庭と仕事を両立する。母親世代が考えもつかなかったようなフレキシブルな働き方を当然のように期待し、要求する。

経済的問題：お金の管理は最重要項目である。男性より寿命が長いのに生涯賃金は低いため、借金は人生最大のストレス要因の一つとなっている。退職と再就職を繰り返すたびに社会保険は減り、家族の扶養コストと個人的借金は増える一方だ。親の世代ほど豊かな生活は送れないと考える人も多い。つまり、早めにこつこつとお金を貯め、積極的に投資し、支出を控える必要があるということだ（気ままな時代もそう楽ではない）。

X世代女性の特徴をブランドに反映する

打たれ強く、いくぶんシニカルなこの世代に、甘ったるい宣伝文句は通用しない。逆に、フォルクスワーゲン「ビートル」やナイキの「ジャスト・ドゥ・イット」シリーズのように、粋なユーモアと洗練されたデザインを取り入れた広告キャンペーンは大いに受けている。本書の読者はX世代がメインかもしれないが、自身がターゲット世代に属していない場合、下記に注意しながらX世代女性の心をつかむ企画を練る必要がある。

広告に真実を：本当に値打ちあるものを求め、企業が約束をどの程度守るか見極める。

ビジュアル重視：幼い頃からテレビに親しんでおり、視覚的なものに反応する場合が多い。文字の少ない広告を好み、eメールやウェブサイト、ITを活用したメディアなど、ネット型のコミュニケーションに馴染みやすい。

購入前調査：高額商品を買う前には念入りな調査をする（何しろコンピュータとともに育ち、かなり前からオンラインを利用しているのだ）。こうした調査には、友人や家族からのクチコミや、オンライン情報（企業のマーケティング素材や、掲示板やチャットから得た情報）も含まれる。

ブランド変更とグレードアップを繰り返す：古い世代と違って、頻繁にブランドを切り替え、何とかして最新のスタイルを手に入れようとする。新たな製品デザインやマーケティング・キャンペーンを行う際は、「新鮮さ」が最も重要な要因となる。

環境重視：リサイクルや環境に優しい製品について学んだことを身につけ、生活や購買行動に幅広く取り入れている。実際、シモンズ・マーケット・リサーチ・ビューローの調査によると、一八歳以上の女性はパッケージに再生紙を利用した製品を買うことのほうが多いという。

また、自分の買う製品が動物実験を経ているかどうかにも敏感だ。

性別にこだわらない手法：男性を除外する排他的な手法よりも、男女を問わず対象に含めた包括的な手法を採るほうがよい。Ｙ世代女性にも当てはまるが、性別に関係のない製品・サービスのマーケティングで女性を重視しすぎるのは、失敗のもとだ。

Ｘ世代的ビジネス——住居の購入・装飾・リフォーム

収入・支出ともにピーク期を迎えつつあるＸ世代は、急速なペースで新居を手に入れている。恋人との交際が長い、結婚する、子供を生む決心をするといった時期に、金利の低下が重なったことで、家やロフトやアパートの購入が妥当で容易な選択肢になったのだ。

二〇代後半〜三〇代の人々は、自分の家を親の家とは見た目も雰囲気もまったく違うものにしたがっている。この傾向に気づき、うまく創造性を刺激して心をつかもうとする老舗小売店やメーカー、テレビ番組、雑誌が増えている。そうした需要をとらえて成功したのが、クレート・アンド・バレルの子会社、ＣＢ２だ。

Ｘ世代をコア消費者とするＣＢ２の店舗マネジャーたちは、一味違う素材や最先端のデザインを用いたおしゃれでカジュアルなスタイルを生み出すことに懸命だ。ホーム・オフィスのニーズの高まりとともに関連商品の品揃えが豊富になる一方、本格的な調理用品はあまり重視されていない（X世代は未だに外食派だ）。

CB2は、シカゴのリグリーフィールド近郊の高級住宅地化が著しい都会的エリアというロケーションから、BGMのテクノ・グルーブ音楽に至るまで、すべてにおいてX世代の顧客を強く意識している。買い物客は比較的若い（二五〜四〇歳）都会的な職業人で、外出や旅行が多いのでハイテク機器への関心が強い。おしゃれで流行にも敏感だが、奇をてらったしかけは敬遠する。

家庭用品とインテリアの老舗クレート・アンド・バレルが、X世代のニーズを先取りしてCB2のコンセプト開発に乗り出したのは九〇年代中頃のことだった。約四〇年にわたって忠実な顧客を獲得してきた同社は、流行の波に乗り続け、得意客の息子や娘にアピールするには、次世代の開拓が必要だと気づいたのだ。

ほかにも、ポタリー・バーンが二四〜三九歳をターゲットに展開するカタログ専門通販のウエスト・エルム、家具メーカーのパリサー・ファニチャーの子会社EQ3は、いずれもX世代発の高感度で経済的な室内装飾ブームに乗じたものだ。

また、中古住宅をおしゃれに楽しくリフォームするテレビ番組のヒットも、この世代が火付け役となっている。なかでもケーブルテレビのラーニング・チャンネルの番組「トレーディング・スペーシズ」は、多くの続編を生んだだけでなく、他のチャンネルにもブームを飛び火させた。たとえば、TBSはリフォームの腕を競うリアリティ番組「ハウス・ルールズ」をスタートさせ、ホーム&ガーデン・テレビジョンは「ホワット・ハブ・アイ・ダン!?」という番組の放映を予定している。

住宅関連ビジネスに学ぶポイント

そもそも、X世代の顧客が求めるのはスタイリッシュな「お値打ち品」であって、質の低い家庭用品ではない。テレビや映画や雑誌で見かけるような、おしゃれで遊び心のある「セレブ」な室内装飾スタイルを、手頃な価格の商品でうまく真似るのが好きなのだ。

彼女たちの期待値は高い。常に、もっと刺激的で変化に富んだ楽しいショッピングを求めている。この世代にとって、室内装飾は娯楽やファッションの部類に入るので、室内の装飾・デザインにかける予算は、スターバックスに行ったり、アクセサリーを買ったり、映画などの娯楽を楽しんだりする予算との兼ね合いで検討される。オリーブグリーンの毛羽織りのオットマン（足台）を買うことで、「ｉＰｏｄ」のような最新流行のハイテク機器を買うときと同じくらい自己表現し、楽しみ、感情的満足を得ているのだ。

最後に、都市部のX世代女性のライフスタイルはほかとは違っている。彼女たちの多くはキャリアウーマンで、職場から離れた郊外の広い家よりも、都心のロフトやアパート、タウンハウスに住むことを好む。つまり、収納、家具、装飾に対して、郊外の女性とはまったく異なるニーズを持っているのだ。

ベビーブーム世代：向上心旺盛な開拓者

一九四五〜六四年に生まれたベビーブーム世代（しばしば「ブーマー」と略される）の人口は約八〇二〇万人で、アメリカ人口の四分の一以上を占めている。九六年以降、毎年、四〇〇万人以上のブーマーが五〇歳を迎えており、この流れは今後一〇年間続くと見られている。過去のどの世代よりも経済力に富み、常に新しい製品・サービスを求めるこの五〇歳以上の市場は、あらゆる産業に大きな影響を及ぼしている。

X世代同様、ブーマー層の特徴を一言で言い表すのは難しい。その最大の理由は、彼らの生まれ育った年に幅があり、しかもその間にさまざまな大事件が起きているからだ。冷戦、テレビの開発と普及、ケネディ暗殺、ビートルズ、ベトナム戦争、ウォーターゲート事件など、この世代の人格形成に決定的影響を及ぼした事件はさまざまだ。

現代社会を構成する各世代のなかでも、ブーマーの生きてきた時代はきわめて刺激的だった。二四歳までに大学を卒業したブーマー女性の数は、それ以前の世代の二倍以上に上るし、働く女性の数も前後いずれの世代よりも多い。さらに、オールステート・ファイナンシャル社が二〇〇三年に実施した調査によると、ブーマー女性たちが一斉に平均退職年齢を迎えるなか、ブーマーの七一%が一生、完全に引退するつもりはないと答えている。この調査結果で興味深い点は、女性では社会とのつながりを求めて働き続ける人が多いのに対し、男性では仕事の充実感を求める人が多いことだ。

六〇年に経口避妊薬（ピル）が発売され、ブーマー女性は一般的に二〇代半ば以降まで結婚を延ばすようになった。晩婚で、その後の離婚率も高く、多くの女性が長い期間、自分で生計を立てることになった。実際、最も離婚率が高く、また共働き家庭をごく普通のものにした世代である。このやり手の女性たちは、自分で所帯を持ち、お金を管理し、緊急事態に対処するのに慣れている。

ブーマー女性の購買行動に影響を及ぼすもの

勤勉なブーマー女性たちは、女性の権利を主張し、親とはまるで違う充実した人生を生きてきた。専業主婦が少なく、勇気と知恵に富んだこの世代の彼女たちにとって、現代はさぞ生きやすい世の中だろう。人生観に影響を及ぼす特徴をいくつか挙げよう。

年齢より興味：絶えず活動しており、年齢だけで定義づけることはできない。年を取って子供が巣立った今、健康と気力、創造力、家族や友人、仕事と趣味の重要性がいっそう増している。胸の躍るような楽しいことをまだまだやり残していると感じている。

ストレスと時間不足：キャリアウーマンでありながら母親業をこなし、家事や育児のさまざまな責任を担う――多くの役割や心配事を抱え、アメリカで最もストレスの多い人々と言えるだろう。だが、それを克服できるのも、自分の健康を気遣い、やりたいことのためには時間もお金も喜んで使うという、この世代ならではの特徴のおかげである。

育児と介護：年老いた親と子供の面倒を同時に見ている人も多い。ある統計によると、両親の介護に費やす年数は、育児に費やす年数とほぼ同じだという。さらに、ブーマー女性の大半（特に四〇～五〇代）が、自分が購入するブランドは、子供の意見に大きく左右されると答えている。

自信と楽観：仕事を持つ人の大半は、五〇歳という年齢を楽観的で何でも可能なライフステージと考えている。第二のキャリアを築いたり、バーチャル・オフィスとコンピュータを駆使したりして、引退の既成概念を覆している。

活動的で健康：過去のどの世代の女性よりも自分を若く感じており、また長生きする見込みが強い。若返りやリラックスの方法を追求し、それを手に入れるためのお金も稼いでいる。毎日運動し、定期的にマッサージを受け、ヨガや瞑想などを実践している人も多い。『アメリカン・デモグラフィクス』誌の二〇〇一年一一月号によると、現在のフィットネスクラブ会員の五五％（約一八〇〇万人）は四〇代以上だという。

ブーマー女性の特徴を自社ブランドに反映する

積極的に伝統に挑むこの世代の女性に、仮説は通用しない。自己実現と自己改善と自己啓発を重視し、長年、自分のしたいことを好きなようにしてきたのだから。とっくに自分の好きなブランドに落ち着いていると思いきや、そうでもない。実際、ある報告書によると、ブランド・ロイヤルティはすべての年齢層で薄れているものの、その傾向が最も顕著なのは年配の消費者だという。つまり、この年齢層に油断は禁物なのだ。

ブーマー女性の目に留まるマーケティング・メッセージを生み出すうえで、忘れてはならない重要なポイントを以下に挙げよう。

老人扱いしない：当人たちは、「シニア割引」「熟年向け」といった宣伝文句は自分に当てはまらないと思っている。いつまでも自分の年齢を否定し、気持ちの若さを反映する製品を求める。だから、自分の白髪のことを忘れたまま、割引サービスを受けられるような方法を考える必要があるだろう。

社会とのつながりを支援する：ブーマー女性に目的意識は不可欠だ。人生で獲得してきたパワーはすべて、仲間と分かち合い、もっと社会とつながるための道具だと考えている。

若々しい外見を維持する：美容のための美容に走らず、若々しい外見やスタイルを維持してくれる製品に共感を覚える。男性と比べて嫌でも外見で判断されることが多いので、更年期を迎え、肉体的変化が表れ始めたこの時期、若さを保つことは重要課題だ。

知識を与える：この世代の女性はインサイダー情報を与えると大喜びする。知識を得れば得るほど力を感じ、より自信を持って新製品を試し、新たな製品分野を探検する。

簡潔に：広告やDMは、簡潔さと親切さを身上とすること。最初に御利益を明確に打ち出し、次に全般的な売り文句を並べるマーケティング・コピーが好まれる。ウェブにせよ、カタログにせよ、フリーダイヤルにせよ、忙しくて知りたがり屋の彼女たちがすばやく情報を入手し、昼夜を問わず注文できるような配慮が必要だ。

ベビーブーム世代的ビジネス――自己啓発モノ

ブーマー女性は人間的成長を促す「自己啓発ブーム」の立役者だ。今や金融、健康、キャリア、スピリチュアル系、食べ物など、人生のあらゆる領域を網羅する巨大な産業となっている。特に成功を収めているブランドは、名うての専門家やタレントが中心となっている場合が多い。書籍、雑誌、通信社経由の一斉配給コラム、テレビ・ラジオ番組、講演会ツアー、メールマガジンなど、複数チャネルを利用した包括的マーケティング手法を通じて、女性の生活にますますリアルに深く関わっていく可能性がある。

代表的な著名人がオプラ・ウィンフリーだ。八〇年代にごく普通のトーク番組司会者として出発した彼女は、ほどなくブーマー女性の自己啓発に多大な影響を及ぼすようになった。それだけでなく、自らのテレビ番組「オプラ・ウィンフリー・ショー」、雑誌『O（オー）ザ・オプラ・マガジン』、ウェブサイト、講演会ツアーなどに、さまざまな分野から新進気鋭の専門家を招き、その専門知識を視聴者や聴衆、購読者に提供しているのだ。

雑誌『O』は「新世紀に向けた女性の人間的成長ガイド」を標榜し、常連コラムニストには、カリスマ的ファイナンシャル・プランナーのスーズ・オーマン（感情は財力にどう影響するか）、自己啓発書の著者フィリップ・マグロー博士（人間関係）、整理の達人ジュリー・モーゲンスターン（生活のあらゆる面の整理）、人生指導で有名なマーサ・ベック（個人生活のコーチング）、ラジオで人気の五人姉妹サテライト・シスターズ（さまざまな話題について五通りの考え方を披露）などが名を連ねている。優れた専門家を一堂に集め、人生のアドバイスを求める女性たちにワンストップの情報源を与えることで、オプラは（大勢のスタッフの協力を得ながらも）独力で自己啓発産業の単純化を行っている。

オプラ・ウィンフリーに学ぶ、ブーマー女性の心をつかむ教訓

オプラのテレビ番組、ウェブサイト、雑誌が全般的に成功しているのは、ほぼすべての女性と多くの男性に役立つ情報を人間味のあるトーンで提供しているからだ。そのほかにも、具体的な教訓がある。

ターゲット層とスタッフ構成を一致させる：オプラのメディア帝国は、設立者やスタッフ自身がターゲット層の一員だからこそ成功を収めたブランドの好例だ。ブーマーと比較的年齢が高めのX世代から成るスタッフは定期的に集まり、自分たちの生活で一番気になっていることを話し合う。そのテーマの多くが、まさに視聴者や読者にとって最も関心の高い問題なのだ。

視聴者や読者の心に寄り添い、物語に参加させる：オプラのスタッフはeメールやウェブサイトを利用して、視聴者や読者の実状を常に正確に把握している。ウェブサイトの「番組に出ませんか」のコーナーでは、現在制作中のテーマをリスト化し、これらの話題にまつわる体験談や意見を募集している。自分の体験談をeメールで送ると、番組に取り上げられ、観客としてスタジオに招かれることも多い。

人は番組ではなく人と心を通じ合う：エキスパートを育て、活用して人々を教育することで、人生の難問に「顔」を持たせる。具体的な内容を平易な言葉で語り、あくまで現実生活の文脈の中で情報を提供する。

対話と会話が決め手：オプラとスタッフは、かつて視聴者からタブー視されていた話題のほとんどを堂々と取り上げてきた。さまざまな問題を理解し、語り、議論し、解決する覚悟でいる。女性同士の対話を保つ秘訣は、議論を簡潔に楽しくまとめ、ただでさえ忙しい毎日を送る彼女たちを長時間、手間取らせないことだ。オプラの番組の常連ゲストで、『しあわせ練習帳』（山田聡子訳、きこ書房）の著者でもあるコーチングの専門家、シェリル・リチャードソンは、その素晴らしい実践例だ。彼女のウェブサイトには一〇〇〇以上の「LM（ライフ・メークオーバー）グループ」が登録しており、メンバーは実際に集まって、リチャードソンが取り上げたテーマを議論している。

IT許容度：各チャネルに統一感を持たせ、顧客のIT許容度を把握しよう。オプラのウェブサイトを見れば、多くのコンテンツ制作会社が見落としている単純な事実がわかる。それは、ブーマー女性の多くはオンラインでビデオ・クリップを見るだけの回線容量も忍耐力も持ち合わせていないということだ。オプラの場合、より手軽でアクセスしやすいスライド・ショーでテレビ番組の内容を紹介している。

シニア世代：相変わらず活動的なボリューム層

シニア市場は、生まれ年にして三〇年以上も幅がある巨大な集団であり、しっかりと観察するだけの価値がある。五〇歳以上の人々は、総人口のわずか二八％（約八一〇〇万人）にすぎないのに、消費需要全体の五〇％近く、純資産総額の六五％、個人金融資産総額の七〇％を占めている。しかも、二〇〇三年までに約三一〇〇万人ものベビーブーマーが五〇歳に達しており、高齢消費者のニーズを満たす方法を探る価値は高まる一方だ。

女性は年齢を重ねると（若い消費者とは対照的に）自分の経済力を実感し、より活動的になり、多くの悩みから解放される。引退を先延ばしにし、自分を一〇〜一五歳若く感じ続けるためには何が必要かも知っている。

巨大なシニア市場の中には、多様な態度や行動が見られる。この層を構成する人々は、場合によっては何十歳もの差があるので、生まれた時代も違うし、人生や考え方に影響を及ぼした事件も第二次世界大戦から、戦後の郊外への人口移動、ビート運動、朝鮮戦争までさまざまだ（エルビス・プレスリー現象をそのなかに入れてもいい）。

つまり、この世代をステレオタイプ化するのは論外なのだ。それぞれの世界観や購入プランドに対する考え方を把握するためには、思考様式やライフステージ、ライフスタイルを個別に検討する必要がある。とはいえ、年齢によって大まかに分けることはできる。三つのグループの思考様式やライフスタイル要因を挙げる。

引退前の人々（五六〜六五歳）：年配のブーマーと若手のシニア世代から成り、すでに子供が巣立ち、孫のいる人も多い。活動的で忙しいものの、徐々にペースを落とし、人生の次の段階に備え始めている。まだ働いている人が多く、稼ぎながら消費し続けている。いろいろな責任がなくなってきたおかげで、お金の使い道を好きなように決め、自分の満足のために支出できる場合が多い。

引退しても活動的な人々（六六〜七五歳）：レクリエーションや旅行、友だち付き合い、生涯教育、孫、趣味、仕事上の興味などで充実した生活を送っているが、そろそろ健康問題を積極的に管理する必要に迫られる人も多い。

高齢者（七六歳以上）：肉体的健康の衰えにより、生活のペースはかなり落ちているが、人付き合いや頭を使うことに関心を持っている人も多い。一方で、もはや自力では生活できない段階に達し、介護者の助けを必要とする人もいる。今日のアメリカで最も急速に人口が増えている年齢層の一つは、八五歳以上だということもお忘れなく。

シニア女性の購買行動に影響を及ぼすもの

年齢層以外にも、シニア世代の消費行動は、価値観や外的な事件、ITリテラシーによって異なる。互いに重複する場合もあるが、おおむね次のようなカテゴリーがある。

選択的に贅沢をする人々：このグループの女性たちは、景気のよい時代を生きてきた。彼女たちの多くは、自分もそろそろ最高級品や高額商品を買って楽しんでもよい頃だと感じている。

支援者と協力者：ボランティア活動に多くの時間を捧げ、女性の権利の向上や数々の文化的目標を達成してきた。*All About Women Consumers* の著者リサ・フィンは「市民権や消費者運動、フェミニズムの先駆者だが、彼女たちがこうした役割を果たしたことは、しばしば見過ごされている」と述べる。

インターネットの信奉者：ネット利用者が最も急速に増えているのがシニア世代だ。ニールセン・ネットレーティングス社によると、二〇〇二年一〇月〜二〇〇三年一〇月に六五歳以上の利用者数は二五％増の九六〇万人に達しており、全利用人口の七％に相当する。業界の推計によると、二〇一〇年までに高齢者の約七〇％がインターネットを利用するようになる見込みだ。こうした高齢のネット愛好者にアクセスし、そのニーズを満たす機会は豊富にありそうだ。

精力的で活動的な人々：医療の進歩は中年期を延ばしており、それゆえに自分は老人ではなく、活発で元気いっぱいだと思っている。「年を取る」というのは禁句で、多くの人が定期的に白髪染めを買ったり、加齢に伴う肉体や健康状態の特有の変化を無事克服できるような製品を利用している。

シニア女性の特徴をブランドに反映する

「一定の年齢」に達したこの女性たちの心をつかみたいなら、マーケティング・メッセージが流行に流されすぎないよう注意し、祖母、活動的な旅行者、熱心な学習者といった生活上の立場に理解を示そう。年齢ではなくライフスタイルに訴えかけるのだ。

「多くの年配女性にとって非常に不満なのは、高齢者の域に達した女性（一部の映画館では六〇歳でもう高齢者扱いです）は着るものに無頓着になると、マーケターたちに思われているらしいことです」（シニアウーマン・コムの設立者および編集者　タム・グレイ）

他の世代の女性をターゲットとするときに、マーケティング・チームの年齢を検討する必要があるように、シニア市場をターゲットとするときにも、内部にシニア世代の視点を確保する必要がある。二〇〇二年版の*Marketing to the 50-Plus Population*に、ＥＰＭコミュニケーションズの編集者らはこう書いている。

「若手のマーケターは年配の人々をどうターゲットにすればよいかわからず、結局、年配向けの製品を自分の世代に売り込んでいる。一番よく知っている方法だからだ」

どのセグメントへの到達を目指すにせよ、マーケティング・チームを組むときには、何とかしてターゲット年齢層を代弁するチームを目指そう。

先述の年齢横断的な指針を考えると、シニア世代にもブランドに反映すべき共通の特徴がある。そのいくつかを紹介しよう。

専門家の意見を仰ぐ：この世代はブーマーと違って権威者の意見には好意的だし、業界専門家の意見も重視する。馴染みのない健康問題やブランド、製品分野に出合うと、医師に相談したり、認定証などの公的な承認の証しをチェックしたりする人が多い。

年齢に関わる形容詞を嫌う：「成熟した」とか「たそがれの」といった表現を使うと、気分を害するのがオチだ。マーケティング・メッセージでは年齢に訴えるより、一定の価値観や興味に響くよう語りかけるべきだ。

対話を通じて人間的なつながりを築く：シニア世代の女性はフィードバックを求められると感謝する。また、自分をより大きなコミュニティの一員と感じるのが好きだ。

個人的な対応を喜ぶ：自分が相手から認知されているという感覚を重んじる。だから、特にeメールやネットを利用する場合、マス市場向けのメッセージをカスタマイズする価値がある。

直感に従い感情に訴える：脳内の情報処理方法は年齢とともに変化するという。年を取ると、右脳の直感的で全体論的な思考が、左脳の直線的で論理的な思考よりも強くなってくる。つまり、シニア世代の女性には、まず感情に訴え、その後の購入プロセスの中で徐々に製品に関するデータや事実を伝えるのが一番効果的かもしれない。

年齢ではなくライフステージを重視する：五〇～六〇歳の一〇年間には、孫の誕生、再婚、親の死など、人生のどの一〇年間よりもたくさんの転機が訪れる。波乱に富んだ過渡期を生きていると、これらの出来事に意識をとられ、意思決定に際しても自分の年齢をますます考慮しなくなる。

より充実した活動的なライフスタイルを求める：自由な時間と可処分所得が増えるシニア消費者は、生活をペースダウンさせる、あるいは落ち着くための製品・サービスよりも、ライフスタイルをさらに充実させてくれるものを求める。

シニア世代的ビジネス――旅行・観光

今日のシニア市場の女性たちは、大きな機会と課題を突きつけている。年を取っても相変わらず活動的だ。実際、今の「祖父母」世代はかつてないほど若く（初孫の生まれる平均年齢は四七歳）、経済力と健康にも恵まれ、年一〇％増の勢いで支出を伸ばしている。旅行・観光ビジネスの例を見てみよう。

旅行者数が急増しているシニア世代を対象に、活動的な旅行を提案するビジネスが花盛りだ。非営利ラジオ番組の制作供給を手がけるパブリック・ラジオ・インターナショナル（ＰＲＩ）の番組「マーケットプレイス」の一コーナー「サビー・トラベラー」（賢い旅行者）、トラベルスミスのような旅行用品小売業、ポシュノシュ・ドットコム（グルメ旅行や文豪ゆかりの地、ユニークな観光スポット、ショッピング旅行を専門とするシニア・ウィメンズ・トラベル社のサイト）やシニアサイクリング・ドットコムといったサイトもそうだ。

アメリカ旅行業協会の二〇〇〇年の調査によると、シニア世代は旅行者全体の三分の一近くを占め、ここわずか五年で、経済力も学歴もＩＴリテラシーも向上しているという。さらに、シニア世代の旅行日数は平均三・九泊と、旅行者全体の平均（三・四泊）より長い。

一般に、五五歳以上の旅行者のツアー旅行参加率は、他の年齢層の二倍近くに達する。参加者の多くは、夫に先立たれてから自立し、冒険的な活動を始めた女性たちだ。若い旅行者のようにあちこち移動したり、テントで寝たりこそしないものの、元気に旅行を満喫している。また、新しいことを始めたり、人生を意欲的に生きるだけの経済力も気力も知識も持っている人が多い。そんな彼女たちが求めるのは、知的な刺激や興味深い人々との出会いを与えてくれる旅行だ。

先述のＰＲＩのウェブサイトは、そうしたニーズを満たした成功例だ。このサイトでは、番組で紹介した珍しい旅先や、行き先は普通だが一ひねりある旅行の保存版エピソードを聞くことができる。関連図書の紹介ページや旅行のお助け情報ページ（たとえば、レンタカーのトラブル回避術など）のほか、「旅行者の道具箱」というページも用意されており、飛行機や列車など通常の情報だけでなく、地図、旅行用の外国語会話、ビザやパスポート、海外での緊急サービスまで網羅しており、それ自体が貴重な情報源となっている。シンプルでダイレクトなつくりで、はっきりそう銘打ってはいないが、（他の年齢層を疎外することなく）シニア世代の旅行への関心に訴えかけている。

その他、旅行用品のオンライン・カタログ通販のトラベルスミスや、五〇歳以上を対象とした自転車旅行会社のシニアサイクリング・ドットコム、ポシュノシュ・ドットコムなどがある。女性にターゲットを絞っているかどうかはともかく、これらの企業はいずれも、シニア世代の女性旅行者のニーズを満たす製品ラインを開発し、情報を提供している。

旅行産業から学ぶ、心をつかむ方法

旅行業界には、シニア市場向けのマーケティングを改善するポイントがいくつもある。

幅広い興味を満たす努力を：シニア世代の旅行者が旅行代理店に電話をするのは、クルーズ旅行を申し込むためだけではない。自分たちに可能なさまざまな旅行を計画し、試してみたいと思っているのだ。オンラインに目を向け、自転車やカヌー、徒歩での活動的な旅行や、活動的ではないがこれまで以上にユニークな旅先（ガラパゴス諸島やチベットなど）など、さまざまな選択肢を検討している。旅行前の下調べから実際の冒険まで、プロセス全体を楽しむ相手だけに、できるだけ多くの選択肢を多様な形で示す必要がある。

関連する画像やコンテンツ、証言を提供する：旅行への関わり方は人それぞれだ。ポシュノシュ・ドットコムは孫との旅や家族のお祝い旅行といったパッケージ・ツアーを提案しているし、ＰＲＩの「旅行者の道具箱」では、旅先で役立つ情報を得られるリンクや資料に加え、問題が起きたときの連絡先（アメリカ大使館の各部署や、疫病管理予防センターへのリンクなど）も紹介している。

当て推量で判断しない：今のシニア世代の女性たちは、おとなしく編み物などしていない。友人やパートナーとイタリアの田舎を自転車で旅したり、メキシコを探検したりしようとしている。旅行関連の企業やウェブサイトは、女性が大半を占める元気で人生経験豊富な世代の市場を、彼女たちの目で観察する術を身につけている。お薦めの旅行先、提案する洋服、掲載する情報源を見れば、シニア世代の旅行者のニーズと関心を見極め、それを満たすために綿密な調査を行ってきたことがわかる。その結果、単なるクルーズ旅行、フリーサイズの服、何年も前の旅行代理店の連絡先リストとは、似ても似つかぬものに進化したのだ。

購買心理の奥底に世代要因あり

ターゲット女性の視点をブランドに反映できるようになるには、まず、彼女たちに影響を及ぼした社会的、文化的な要因を理解する必要がある。一般的な共通点をじっくりと学び、理解すれば、製品・サービスの提供の仕方にもはっきりと表れてくる。

どの世代の女性も、自分を本当にわかってくれるブランドと心を通わせたいと思っている。だから、それぞれの世代を形成してきた事件や事実を徹底的に理解しよう。そうすれば、個々の女性のありのままの購買傾向がもっとはっきり見えてくるだろう。さらにそこへ、その女性の人生の過渡期や、生活における役割といった要因を足し引きすれば、消費者と新たな絆を結ぶための足場がより正確につかめるはずだ。

第6章

ライフステージと役割

購買行動に影響を及ぼす、世代を超えた共通性

女性市場をセグメント化する一番簡単な方法は世代別に分けることかもしれないが、世代を超えた共通の特徴、あるいは人生で果たす役割のほうが重要なこともある。また、その時々に直面している予期せぬ事態や人生経験のほうが、購買ニーズに直接影響を及ぼす場合もある。たとえば、生まれた年から言えばX世代だが、差し迫った問題は育児、あるいは自社の運営だという具合に。

あるブランドの製品・サービスにとって、女性の日常生活における最大の関心事（育児、仕

事、老人介護、ジムでの運動など）を支援することは、女性のライフステージややむにやまれぬ生活事情を認識するということだ。

幼稚園に子供を連れてくる母親たちを想像してみてほしい。四五歳の人もいれば、二八歳の人もいるし、そのまま仕事に出かける人もいれば、専業主婦もいる。ともあれ、母親というライフステージは同じなので、違いよりも共通点のほうが多い。彼女たちを今すぐ旅行に誘ったり、グルメ料理教室に通わせようとしたりしても、うまくいく見込みはない。子供（とその健康や学費など）を中心に生き、時間に追われているので、そんな贅沢は選択肢にないのだ。

母親に共通する感情や悩みは、製品、広告キャンペーン、企業の社会的理念など、このライフステージで触れるすべてのものの見方に影響する一大要因といえるだろう。

本章では重要なライフステージについて解説し、女性が生涯に（あるいはたった一日のうちに）果たす可能性のある多様な役割について論じる。一見何の関連性もないさまざまなことが、消費購入に影響を及ぼしたり、購買心理のフィルターとなったりしている。

独身女性も、働く女性も、母親も、一〇代から五〇代後半、あるいはそれ以上の幅広い年齢層にまたがっている。また、同時に二つのライフステージを経験する女性もいる。たとえば、仕事を続けながら子供を育てる人もいるし、働く女性より独身女性としてのライフステージのほうが重要で、購買行動にもより大きな影響を及ぼしている、という人もいるだろう。とにかく、予想がつかないのだ。

これらの役割を果たす女性たちの心をつかむには、便利で使いやすく、信頼できる製品・サービスを提供する必要がある。独身女性や働く女性や母親と心を通わせようとするときには、ずばり「彼女たちの生活を楽にする」ことをモットーにしよう。

ここではまず、三つのグループ（独身女性、働く女性、母親）を取り上げ、次に、ライフステージや役割に関係なく、女性に自社ブランドを生活の一部と思わせる方法を考える。

独身女性――多様化するライフスタイル

かつて、女性が人生の中で一人暮らしをするのはほんの一時期だったが、今や状況は一変している。キャリアを築く機会が増え、離婚率が上昇し、寿命が延びるなど、現代社会のさまざまな傾向に伴い、現代女性が人生の中で一人暮らしをする期間は昔より長くなっている。以前は女性の「独身時代」といえば主に学校を卒業してから否応なく結婚するまでの期間を指すものだったが、今では、めっぽう長い人生（調査によると、女性の平均寿命は男性より六年以上も長い）で不規則に生じるさまざまな期間を表す。

事実、アメリカ国勢調査局のデータによると、二〇〇一年の時点で一人暮らしをしている女性の数は一七〇〇万人以上で、二〇年前の二倍以上に達している。その理由の一つに、過去三〇年間、結婚率が低下し続けてきたことがある。六〇年には既婚女性が成人女性全体の六六％を占めていたが、九八年には五五％に低下しているのだ。一方、離婚率の上昇に伴い、女性の教育レベルや就労率も上昇している。

何年か結婚生活を送ったことのある人もいるが、結婚しない女性も増えている。男性や女性のパートナーと同居する人もいれば、友人と「家族」をつくって一軒の家で共同生活をする人もいる。国勢調査局では、「独身女性」（子供の有無は問わない）を「結婚歴なし」「別居」「離婚」「死別」の四つに公式分類している。

さまざまな点を考慮しても、独身女性は消費市場として追究する価値が十分にある。二〇〇六年には、独身女性の総所得は二〇〇一年より二〇％多い一九九三億ドルに達すると見られており、今世紀の一大経済勢力となることは間違いない。独身女性のライフスタイル傾向として、ほかに考慮すべき点を挙げてみよう。

今の状況におおむね満足し、生活管理もきちんとしている：結婚の概念を拒否しているのではなく、パートナーを得るのと引き換えに、今のライフスタイルのさまざまな面を安易に手放すことの拒否だと思っている。異性愛者であれレズビアンであれ、多くは自ら望んで独身でいるのだ。

シングルマザーになることを意図的に選ぶ：晩婚化や独身主義女性が増えた結果、結婚せずに子供を持つ例が増えている。母親になることを単に自己実現の一部と見なしている人もいる。このように自分の都合で母親になる女性には、普通の母親をターゲットとする場合とはまったく異なるマーケティング・アピールが必要となる。

慣例にとらわれない生活を送っている：物事をどう行う「べき」かはほとんど気にせず、自分なりのライフスタイルを生み出している。もちろん、独身女性がどんな居住地や生活形態を選ぶかが、市場に大きな影響を及ぼす可能性もある。いくつか例を挙げよう。

・都市部に住む独身女性は、レジャーや娯楽への支出のけん引役である。
・郊外に住む独身女性は、住宅リフォーム産業（今や数十億ドル規模）のけん引役である。
・親と同居する独身女性は、可処分所得を思いのままに使っている。

独身女性の購買行動に影響を及ぼすもの

独身女性特有の自己認識、願望、消費形態は、ブランド観に重大な影響を及ぼしている。独身女性の多くは生活のポジティブな面に目を向け、夢中で心身の向上に取り組んでいる。だから、マーケティング・アプローチにもそれを反映させるべきだ。「オールドミス」のステレオタイプは吹き飛ばそう（ただし、人気ドラマ「セックス・アンド・ザ・シティ」の主人公たちのように、恋に仕事にセックスに奔放に励む女性ばかりではないことも、お忘れなく）。

今の独身女性は、社会活動や旅行だけでなく、ショッピングについても友人仲間にアドバイスを求める。つまり、これらのネットワークを通じてどのようにつながっているのか、またその理由は何かを注意深く観察し、日頃いろいろなこと（自社の広告メッセージを含む）について、友人からどんなアドバイスを受けているか把握する必要がある。

独身女性のブランド観に影響を及ぼす生活要因を、もう少し詳しく見てみよう。

家族の再定義：結婚率が急速に低下するなか、地域社会や友情の重要性がこれまで以上に高まっている。「家族」はまるで新しい意味を持つようになり、今や血縁者だけでなく、友人やペットからネット仲間までを含む場合がある。核家族とのギャップを埋めるためか、ピラティス教室や読書クラブ、サイクリング・グループ、投資サークルなど、さまざまな共通の関心事を中心に集っている。

健康的なライフスタイル：独身女性の多くはそもそも運動に熱心で、健康のために積極的に消費を行う。忙しいスケジュールにもかかわらず、同棲や結婚をしている女性より多くの時間を健康のために費やしている。一方で、フィットネスや健康だけでなく、冒険旅行、アウトドア・スポーツ、映画などの活動に使う時間もある。活動的なライフスタイルを、健康的に、手軽に促してくれる製品・サービスがあれば、必ず気づくはずだ。

スピリチュアリティの追求：一部の女性にとって、自己啓発は肉体や知性だけでなく、精神の向上をも意味する。個人的に実践する精神修養には、内省を中心としたものもあれば、正統派の宗教に基づくものもある。本や雑誌を読んだり、セミナーや合宿に参加したり、グループを結成したりして、機会あるごとに自己実現学習を行っている。

一人でもちゃんとした生活を：夫や生涯の伴侶を見つけないうちから、落ち着いた生活をしたがる人も多い。結婚祝いにもらうような食器や家具、家電製品などの比較的高価な生活用品を、自分だけのために購入している。

独身女性の特徴をブランドに反映するには

女性市場の他のセグメントと同じく、独身女性も丁重な扱いや、サービス水準の向上、自分たちの考え方を尊重し理解してくれる製品・サービスを求めている。

最も効果的なのは、彼女たちの知性を反映し、多様なライフスタイルの選び方を尊重し、自尊心や独立精神を肯定するようなマーケティング・メッセージだろう。

以下に産業別に見た独身女性のとらえ方を挙げてみよう。

消費財：少量パックの食品や、女性の健康問題を特に重視した製品への需要は高い。たとえば、大豆とカルシウムと有機素材を用いた機能性食品は、独身女性の健康的で力強いライフスタイルを強く反映している。

不動産：独身女性のプライオリティを特に意識し、デザイン面や施工面で配慮した住宅は、今後人気が高まるだろう。たとえば、パートナーや友人と近くに住みたいが同居はしたくないという場合、隣接住居にニーズが見込める。寝室を増やすよりリビングルームに予算をかければ、多くの独身女性のライフスタイルに合うだろう。最近流行の小規模住宅は、環境やコミュニティ、社会問題への意識が高い女性の間で人気を増すだろう。

旅行：概して忙しく活動的な毎日を送っているため、旅行にも同じ態度で臨む場合が多い。独身女性は年齢を問わず、冒険旅行の台頭に大きな影響を及ぼしている。安全上の理由から他の女性とネットワークを組み、グループ旅行を計画したり一緒に旅行したりして、持ち前の活発さと力強さを発揮している。さらには、経験を分かち合い、互いの今後の旅行を応援し合うことで、旅行仲間のコミュニティを進化させている。たとえば、ジャーニーウーマン・ドットコムは、「女性による女性のための」オンライン・コミュニティで、独身女性を中心とする力をつけた活動的な女性の視点で、さまざまな旅行を提案している。

起業：気力と活力とアイデアと資金に恵まれている独身女性は、自分の会社を興したり、フレキシブルなスケジュールと意思決定権を求めて在宅勤務社員やホームオフィスでの起業に転じたりと、今後の仕事のあり方を方向づけようとしている。

食品の軽食化・少量化で成功

一人暮らしのアメリカ人が増え、食事をつくることへの興味が薄れつつある。「どうせ自分しか食べないのに、料理をしても仕方がない」からだ。食品業界はこの傾向を注意深く見守り、一人暮らし世帯のニーズに合わせて製品のサイズやパッケージを変えている。

特に、健康によいものを選ぶ独身女性は、この業界のけん引役となっているようだ。たとえば、サラダ野菜を洗って切って袋詰めしたサラダパックは以前から人気だが、これなどは（独身か既婚かを問わず）女性のニーズに本当の意味で応え、パッケージを一新した最初の商品の一つだ。今後は、さらにこまやかな配慮で、ハーフサイズのパックも用意すべきだろう。実際にはサラダパックを買っても、半分は捨てることになりかねないからだ。包装食品およびスナック食品で独身女性特有のニーズに応えた例を紹介しよう。

食事よりもスナック：健康によいかどうかは別として、独身女性の日常の食生活は、ちゃんとした食事よりも軽食で済まされがちだ。仕事や付き合いの予定に追われ、食事を忘れたことに後から気づく（「あら嫌だ、今日は一日まともなものを食べていなかったわ」という具合に）、あるいは急にお腹が減って慌てて何かを食べることのほうが多い。

それゆえ、スナック食品は一日に必要なカロリーや栄養を満たす手段として、社会的に受け入れられるようになった。健康や栄養関連の雑誌も、人間の身体に一日を通じてむらなくエネルギーを与えるには、重い食事を三度より、軽めの食事を五、六回取るほうがよいと提唱している。また、労働時間や通勤時間が伸びて、ますます時間に追われるようになったことも、優雅にフルコースの食事をする人が減っている理由だ。

携帯型の食品：外で食事をする機会が増えるにつれ、手軽な食品が求められるようになり、スナックバーや栄養ドリンク、冷凍・冷蔵食品、片手で食べられるさまざまな食品の売上げが急速に伸びている。スナックバーの多くはスティック型の高プロテイン栄養補助食品で、調理も食器もいらない便利な食事の代用品となっている。

なかでもエネルギーバーと呼ばれるタイプは、持ち運びに便利な小型パッケージの中に、女性が求める栄養素をすべて詰め込んだ栄養補助食品だ。「ルナ・バー」（クリフ・バー社の一部門）は必要な栄養素が一本で取れ、味もいいので主食としている筆者の知り合いも多い。ウェブサイトや後援するイベントを見ると、同社が信憑性のあるマーケティングによって、女性顧客とうまく心を通わせていることがわかる。

食べ切りサイズ：携帯型食品のバラエティが増えることを願う消費者にとって、パンに具を詰めた「リーン・ポケッツ」やシリアル・バーなどの食べ切りサイズのパッケージは、まさにニーズを満たすものだ。

たとえば、フリトレーは、自動車のカップホルダーに納まるフタつきの潰れにくい容器に一食分を入れた「ゴー・スナックス」を発売、いろいろな風味を選べるようにしている。キャンベル・スープも、電子レンジで調理できる携帯型の缶スープ「スープ・アット・ハンド」を発売、外出中に片手でスープが飲めるようにしている。

その他：ちょっと素材を足せば立派な食事になる半調理製品のワン・プレート・ミール（一回分の食事を一皿に盛り合わせたもの）や、主菜や付け合わせも豊富な超グルメ・サラダバーも、食品ブランド、食料品店、ファストフード店が独身女性の軽食や携帯型食品へのニーズを満たす方法だ。

働く女性――仕事と生活の両面性がカギ

働く女性は企業勤めと起業家から構成されており、その経済的影響力は法人分野でもそれ以外の分野でも感じることができる。企業の仕入れや調達を通じて得た知識を、仕事以外の購買行動に応用することが多い。女性の多くは全体論的思考の持ち主なので、個人的な消費購入の知識を、仕事上の購買経験と切り離しては考えにくいのだ。

消費の活発な働く女性層と母親層は、年齢的にも特徴的にも重なる場合が多く、大部分が二つの役割を同時にこなしている。二重生活で時間に追われながら、健康や家族に関する情報を手早く集めなければならない。そんな彼女たちにとって、インターネットは「渡りに船」だ。ここではまず、働く女性を詳しく観察したうえで、彼女たちのニーズをオンライン・マーケティングを通じて反映する方法を詳しく述べる。

とりわけ企業オーナーや起業家の女性は、勤め人女性とは区別され、年々市場セグメントとしての力強さを増している。実際、女性が所有するアメリカの株式非公開企業に絞って検討すると、驚くべき数字が見えてくる。二〇〇二年の時点で、女性が株式の五〇%以上を保有する非公開企業は三九〇万社あり、その総社員数は約九〇〇万人、総売上高は一兆一七〇〇万ドルに達している。収益一〇〇万ドル以上の企業が一六万六〇〇〇社、社員数が一〇〇人以上の企業が六九〇〇社である。これらの企業が最も集中しているのはサービス産業で、次いで小売業、建設業、金融業、不動産業、保険業の順となっている。

働く女性の購買行動に影響を及ぼすもの

働く女性の多くはさまざまな責任に追われているので、めぼしい話題のエッセンスだけを手早く引き出し、仕事や家庭での購買決定に役立てたいと思っている。独身女性向けのマーケティングと同じく、働く女性に対しても「生活を楽に」してあげるのが何よりだ（第一、働く女性のなかにも独身女性はいる）。違うのは、仕事上の役割を果たしている女性にブランドを売り込むと、私生活の買い物でも思い出してもらえる点だ。ある役割の女性をきちんと満足させれば、その女性が他の役割で何かを購入するときにも目を向けてもらえるわけだ。

女性は、企業オーナーであってもそうでなくても、重要な購入に際しては独立系のサイトで徹底的な事前調査をする場合が多い。それなら、自社のブランドやサイトを彼女たちのワンストップ情報源にしてしまってはどうだろう。たとえば、あえて他社製品の情報を提供し、（仕事でも私生活でも）購入前調査をサポートすれば、次に買うときにはそのサイトをまず訪れてくれるだろう。その場合、業界上位ブランドの特徴やメリットの比較表、顧客が購入時に考慮すべき点を網羅したチェックリストを提供することなどが考えられる。

また、人間関係を築こうとする性向は、仕事面にも影響を及ぼすことが多い。たとえば、業者の選定の仕方を見ても、女性がサービスを外注したり製品を購入したりするときには、男性と比べて仕事仲間や相談相手に助言を求める場合が多く、業者の質、サービス、評判も重視する。価格より品質を重視すること以外にも、購買を左右する要素として「ブランドへのロイヤルティが強い」「顧客サービスと社員教育を求める」「効率的なウェブサイトを評価する」などがある。

多忙を極める女性たちの製品・サービスの購入方法には、効率と社会意識を同時に求める傾向が見られる。働く女性に共通するほかの特徴としては、次のようなものがある。

仕事と私生活の買い物を一度に済ます：女性勤め人の八〇%、女性起業家の七四%が、一度の買い物で仕事と私生活の用事を両方片づけることが多いと答えている。働く女性の効率的な買い物の仕方に合わせるには、在庫を増やし、仕事と私生活の両面で女性の購買ニーズを満たすよう、製品（業務用サイズと個人用サイズ）やサービス（宅配便や郵送）を取り揃えることが考えられる。

環境や社会への責任に影響される：起業家にせよ勤め人にせよ、働く女性にとって、製品が環境に配慮しているかどうかは、消費購入の意思決定を左右する大きな問題だ。また彼女たちの多くが、製品・サービスを提供する企業の社会的責任は、購入意思決定に大きな影響を及ぼすと考えている。

家事代行サービスを利用する：時間の節約を重視する女性企業オーナーたちの多くが、掃除や芝刈りの代行サービスを利用しているのは意外なことではない。一般に、今の働く女性は、スーパーウーマンになる理想をあっさりと捨て、助けが必要なことを認め、また自分にはその権利があると感じている。

働く女性の特徴をブランドに反映する

働く女性は仕事で得た買い物のヒントを私生活にも活かすことが多い。たとえば、仕事でグラフィック・デザインの発注に慣れた女性は、庭仕事や掃除を外注することによるメリットやストレス軽減にも気づきやすい。

マーケティング・メッセージの開発に、働く女性の購買行動のヒントを活かすには、どうすればよいのだろうか。いくつかアイデアを挙げよう。

自社製品・サービスの品質と優位性をまず売り込む：働く女性にとって、価格はさほど重要ではなさそうだからだ。

ブランド・ロイヤルティを最大限に活用し、仕事と家庭の両方で使える製品を開発する：製品・サービスをそれぞれの用途に合わせて二通りのサイズで売り出すのも一つの手だ。コストコなどの小売店は、このアイデアで成功している。以前は巨大な箱入りのコーンフレークを買っても、食べ終わる前に飽きるのがオチだったが、今ではレギュラー・サイズの箱を三つまとめて（たいてい三つとも味が違う）「バラエティ・パック」として売っているので、大量でも何人かで分け合えるようになった。

個人的な製品指導：取り扱い説明書をじっくり読む暇がないせいか、業者の選定においては常に技術サポートや顧客サービスを重視する。だから、できる限り説明や指導を施すとともに、それをマーケティングの中できちんと訴える必要がある。

手早く購入できるようにする：働く女性はオンラインでもそれ以外でも買い物をさっさと済ませたがる。

迅速なフルサービスをウェブサイトで提供する：短時間でページがダウンロードでき、情報コーナーで比較情報やよく整理されたリンクを提供してくれるサイトに深い共感を覚える。利用にかかる時間や方法を本人が選べる仕組みがあれば最高だ（音声や映像をダウンロードせずテキストだけ読めるオプションを提示するなど）。

小売りチャネルを包括的に管理する：働く女性の買い物の仕方や、利用するチャネルに合わせて考えよう。たとえば、綿密な調査をすることの多いネット上では詳細な情報提供が最適だが、カタログや店頭ではうるさく見える場合もある。返品に際しては、忙しい生活に配慮していくつか選択肢を提示しよう。たとえば、全国のショッピングモールに展開する小売店は、オンライン購入した品物の返品を店頭で受けつけ、喜ばれている。

オンライン・チャネルを十分活用する：ネットの効率性は働く女性の戦略的な購買心理にぴったりと合っている。配慮の行き届いたオンライン・サービスを提供すれば、既存のオンライン顧客の満足を保てるだけでなく、これまでオンライン購入をためらってきた初心者女性との素晴らしい出会いがもたらされる。

急成長する女性出張客向けビジネス

女性出張客は、アメリカの旅行市場のなかでも最も急速に伸びているセグメントの一つだ。しかも、セキュリティの向上や健康的なルームサービス・メニュー、魅力的なフィットネス設備など、女性のニーズを重視した製品改善が男性顧客を確実に呼ぶケースでもある。Wホテルズ、ウィンダム・ホテルズ・アンド・リゾーツ、ヒルトンなど、設計や間取りを賢く変え、女性宿泊客の喜ぶアメニティを拡充するホテルが増えている。今や女性は出張旅行者全体の半数近くを占めるのだ。

女性にとってはセキュリティが最大の関心事で、立地や客先への近さは二の次だ。また、あるホテルチェーンに満足すると、ずっとそこを使い続ける傾向が強い。では、どういった工夫をすれば、選んでもらえるだろうか。

カギはセキュリティ、居心地のよさ、室内設備だ。ホテル開発ラッシュが落ち着いてから一〇年後の二〇〇一年後半、各チェーンは女性客をターゲットとした新たなホテル設計に取り組み始め、明るいロビーやセキュリティの強化、オープン・スペースの増加など、部外者の侵入を阻む要素を備えた改善例を打ち出している。

セキュリティ：ホテルの部屋のドアにデッドボルト錠をつけるだけでなく、ルームサービス係が部屋を訪ねる前には電話で知らせる。ホテルチェーンのWホテルズは女性出張客を意識して、客室前廊下の両端に窓をつけて風通しをよくし、解放感を与えた。また、監視カメラの増設に資金を投じているホテルチェーンもある。

食事サービス：出張客の多いホテルでは、レストランに一人で入っても、昔のように片隅の席に追いやられることはない。だが実は、各種調査から、女性出張客の多くは部屋で食事をするほうが好きなことがわかっている。そのため最近では、食事用テーブルを運び込めるような客室レイアウトが増え、ルームサービスのメニューにもより健康的で栄養豊富な料理が登場している。

設計：ホテルの設計は以前よりはるかに住宅風になり、典型的な暗い板張りの内装は減っている。なかでもWホテルズは、ロビーではなく「リビングルーム」を置き、単身旅行客が居心地よく感じるよう広いスペースを割いている。ウィンダム・ホテルズ・アンド・リゾーツも、「旅する女性」キャンペーンの一環として、より開放的で照明も明るくなったロビーをアピールしている。

アメニティ：女性向けのもてなしの進化を強く感じるのがアメニティ分野だ。Wホテルズは、客室の家具やカーテンに天然繊維だけを用い、特にリネン類の品質にこだわっているほか、広いバスルームには浴室専用の特別な照明を用い、客室でマッサージを受けることもできる。ウィンダムでは一部の客室に人間工学に基づくハーマン・ミラーのワークチェアと、プレミアムのピロートップ・マットレスやベッド・リネンを備えている。また、客室内でのネット接続はビジネスホテルの多くで標準となりつつある。

ホテルチェーンの多くは、本当の意味で女性のニーズを満たそうと、さまざまなアメニティを提供している。ロウズ・バンダービルト・プラザ・ホテルでは、顧客の忘れ物に対応するため、パンティストッキングからネクタイまで常備したり、コンピュータ関連の質問に答える「IT執事」を用意したりしている。また最近、Wホテルズなど大手チェーンの多くが、ペットを歓迎する姿勢を打ち出している（ただし一定の条件あり）。これこそ、女性が共感するアメニティである。

母親――時間と場所の制約が多い

子供を持つことは、女性のライフスタイルと考え方に重大な影響を及ぼす。つまり「母親要因」は女性消費者の購買習慣を大きく変化させる可能性があるのだ。興味深いことに、母親たちをセグメント化しているのは、子供の年齢や従来の人口統計的な特徴ではなく、母親としてのあり方である。

親になることの計り知れないほど大きな感情的側面（子供に安全なパッケージが新たに重要性を増すなど）を抜きにしても、母親はマーケティング・メッセージが到達しにくい複雑なセグメントだ。テレビの前にのんびり座ることはめったにないし、自分の好みより子供の好みを優先させたりする。また、いつも何かに気を取られていて、手にしたシャンプーがいつものブランドかどうかさえ、気に留めないかもしれない。

しかし、母親を特徴づける方法はいくつかある。これらは、食品、自動車、旅行、保険、退職後の資金計画、子供服、玩具など、何を売る場合にも、母親向けのアプローチ開発に役立つはずだ。

母親の経済力

家計支出統計を取っているアメリカ農務省によると、平均所得世帯は子供が一八歳になるまでに、子供一人当たり一六万五六三〇ドルを出費するという。

年間所得が三万八〇〇〇～六万四〇〇〇ドルの世帯では、子供が誕生してから一八歳までの間に、毎年平均一万八五一〇ドルの雑費を支出する。そこには、娯楽、書籍・雑誌、ビデオ、夏休みのキャンプ、習い事などが含まれている。

アメリカの女性人口は男性人口を約五〇〇万人（四％弱）上回り、一人でも子供のいる女性がかなりの割合を占める。母親の四八％は経済的不安の有無にかかわらず、パートタイムまたはフルタイムで働いている。また、三一％が家にいて家族の世話をしているが、二〇％はボランティアに就いている。

母親の購買行動に影響を与えるもの

母親セグメントをさらに分類し、自社ブランドの見方に影響を及ぼす要因を知るためには、彼女たちが自分の役割をどう定義しているかを見るのが一番だ。世代別プロフィールでわかったように、年齢で自分を定義づけることはあまりない。だから、母親の全般的なものの見方を知るには、もっとライフスタイル寄りの要因に目を向ける必要がある。一般的にほとんどの母親は、次の二つのどちらかに当てはまる。

第一に、**伝統型**。夫は外で働き、自分は子供と家にいるという、伝統的な役割に従って生きる。なかには移行型のライフスタイルを送る母親もいて、自らの子供時代と同じ伝統的な母親像と、外で働き収入を得るという現代的な女性のニーズを両立させている。

第二に、**革新型**。伝統にあまり縛られない。予想外の妊娠をしてしまった女性、結婚していない女性、離婚した女性も含まれ、自分の意思かどうかはともかく、父親なしで子供を育てている人も多い。一方、夫の積極的な協力を得て、子育てしながら外で働き、仕事以外でも自己実現を追求する超現代的な母親たちもいる。

とりわけ、革新型の女性は増える傾向にあり、今後さらなるマーケティング機会を生み出すようになるだろう。すでに慣例に反した子育てをしている母親たちを「それでいいんだよ」と認め、生き方を模索している母親たちには日々の役割以外で自己イメージを向上させる手段を与える。マーケティングに関心事を反映できれば、確実かつ長期的な関係を築くことができるだろう。

母親の特徴をブランドに反映させる

母親としてのスタイルや購買習慣の幅広さを考えると、母親の目を通して自社ブランドを見るのに欠かせないポイントがある。母親の共感を得る方法をいくつか紹介する。

母親は独占できない：女性は皆、時間に追われているが、母親たちは特にそうだ。だから別の用事をしながらでも受け止めてもらえるようなマーケティング・アプローチを開発・実施する必要がある。落ち着いて雑誌を読んだり、のんびりテレビを見たりする暇はない。洗濯したり、子供を風呂に入れたり、犬に餌をやったり、雑用をこなしたりしている最中にさえ、うまく届く方法を考え出さなくてはならないのだ。

ある金融サービス企業の例を見てみよう。子供のいる女性の多くはもっと金融知識を身につけたいと思っているが、セミナーに参加するとなれば、ベビーシッター探しから始めなければならず、かなり大変である。そこで何度かフォーカス・グループ・インタビューを行った結果、eメール講座に無料の電話指導を組み合わせれば、母親たちのスケジュールに合うことがわかった。

感情より情報を：母親かどうかに関係なく、情報収集に余念のない女性たちが情報源に選ぶのは、テレビ広告よりもインターネットだ。時間の制約がなく、必要が生じたときにゆっくり調べられるからだ。子供の健康と利益の追求が課題の母親たちは、その場限りのスポット広告に乗せられて、感情的に購買決定を下すわけにはいかないのだ。

たとえば、日用品・医薬品の販売サイトは、一家の「お医者さん」の役目を果たす母親たちにとって、なくてはならないものとなっている。栄養や体重管理に関する情報、病気や怪我の自己診断コーナー、薬の正しい用量や副作用の情報など、現実的な悩みに答えるページを用意している。

現実的な優先項目に理解を示す：日々の生活で重視しているのは、母親としての役割をいかに有能にこなすかということだ。グルメ料理のレシピや浴室の床をピカピカにする方法などは二の次だ。むしろ、子供を本好きにさせる方法や自信をつけさせる方法といった現実的な解決策を知りたがっている。

バランス感覚と大局観に訴える：これまで広告では、脇目もふらず必死で用事をこなす母親たちの姿が描かれてきた。それはある程度、真実かもしれないが、そんな広告を見て刺激を受けることはまずない。現実にはもっと系統立った生活を送っており、自分が一日にこなせる仕事量の多さに誇りを持っている。母親たちが「大惨事」を避けながら、賢い工夫で生活をうまく切り盛りしている姿をユーモアと賞賛をこめて描くのも、よりよいマーケティング・アプローチの一つだろう。

洗剤や玩具のありふれた広告ばかり見ている母親たちにとって、こうしたバランス感覚や大局観、斬新な工夫に訴えかけるマーケティング・メッセージは、共感を呼ぶものに違いない（コラム参照）。

オンラインで教育する：母親たちは知識欲が強く、常に何かを学んでいる。なにしろ、子供の成長に伴うあらゆる変化についていかなければならないのだ。特に新米ママたちは、豊富な情報や購買方法の選択肢が得られるインターネットを、この上なく便利な手段として認識しつつある。母親たちは購買層および購買に影響を及ぼす層として、今後も重大な役割を果たし続けるであろう。

Column

母親が広告に求めるもの

【広告に求めるもの】

目に見える御利益

カワイイ子供の写真

日常的な問題の解決法

子供を伸ばす方法

安全情報

役立つアイデアやアドバイス

お値打ち感

【好きな広告】

ダッジキャラバン（自動車）：「『専業主婦のママ』なんて考え出したのは、どこのバカ？」

Kマート（小売り）：「人生のいろいろなもの」

AT & T（通信）：「働くママはビーチでもつながっている」

ホールマーク（贈答用カード）：各種広告キャンペーン

ディズニー（娯楽）：「思い出づくり」

シズル・アンド・スティア（食品）：ドクター・ルースとミスターT

オクシジェン（CATV）：「ミス・アメリカ」

ステートファーム（保険）：「ワーキング・マザー」

マスターカード（クレジットカード）：「プライスレス」

サニー・ディライト（飲料）：サニーD

出典：Maria Bailey, CEO, BSM Media, "What's Winning the Hearts of Mothers?"

幼児教育ビジネスの成功例

母親としての役割をサポートしてくれる企業を探すことは、初めて母親になった女性にとって大切なことだ。ずっと子供のそばにいてオムツを替え、ミルクを与え、洗濯をしなければならないうえに、子供の学習を促すよう手を尽くさないと、罪悪感を持ってしまう。

近年、『ブレイン、チャイルド』をはじめとする雑誌や、多くの子供服・育児用品店は、こうしたニーズに着目し、新米ママたちの不安や悩みにより敏感に応えるコンテンツやウェブサイト、店舗を生み出している。なかでも素晴らしい成功を収めているのが、ベイビー・アインシュタイン・カンパニーだ。同社は、一人の母親が乳幼児向けに開発した製品を売るために設立した企業である。

ベイビー・アインシュタインは定評ある乳幼児能力開発メディアの制作企業で、ビデオ、DVD、カード、書籍、CDなどを通じて、乳幼児を不思議に満ちた周囲の世界に触れさせようとしている。現実世界のさまざまな物体や、音楽、美術、言語、科学、詩、自然を通じて、親や育児担当者が子供と楽しく刺激的な対話を交わし、生活を豊かにする方法を提示して、新米ママたちをサポートしている。

ベイビー・アインシュタインの製品は、次のようなやり方で母親たちの不安や罪悪感に訴えかけている。

子供には積極的な能力開発を、母親には罪悪感のない休息のひとときを：「赤ちゃんに愛され、パパとママに信頼されています」というキャッチフレーズを見ると、母親なら思わず手に取って見たくなるだろう。ビデオは大人の目には稚拙に見えるが、乳幼児の横で一分でも観察すれば、単純だが創造的な画面が子供を釘づけにしているのがわかる。同社のサイトには、ベイビー・アインシュタインのビデオを子供に与えてよかったという母親たちの声がいくつも紹介されている。アルファベットや動物、クラシックの作曲家について教えるビデオを、子供たちが「夢中で」「うっとりと」観ている――そんな言葉を聞けば、絶対間違いないと思えてくる。同サイトに紹介された母親の声を一つ紹介しよう。

「ビデオのシーンが変わるたびに娘が示す反応を見て楽しんでいます。次がお気に入りの画面だということは、いつも一目でわかります。大喜びでピョンピョン跳ね始めるからです。それに、娘によい遊び相手ができたおかげで、私は毎日シャワーが浴びられるようになりました」

子供の成長に合わせた製品開発でニーズを満たす：まだ新しい乳児教育産業は、新米ママのニーズを満たそうとするなかで幼児教育から児童教育へと製品の幅を広げてきた。現在はウォルト・ディズニー・カンパニーの傘下にあるベイビー・アインシュタインも、製品ラインを拡充し、何十種類もの書籍、フラッシュカード、ビデオを提供するようになっている。同ブランドには、ガラガラや歯がため、赤ちゃん用の寝椅子といった育児用品から、幼稚園児向け玩具、ぬいぐるみ、小学生向け製品まで登場している。顧客とともに成長することで、ベイビー・アインシュタインのブランド開発を促されてきたのは明らかだ。

子供が成長し親の購入に影響を及ぼすときに備える：よちよち歩きの子供も幼稚園に入ると、母親の買うものにある程度影響を及ぼすようになる。ベイビー・アインシュタインはこうした変化にもしっかりと備えている。同社は二〇〇四年から世界で放映されるテレビ番組を「リトル・アインシュタイン」と名づけ、サブブランドとすることで、「ベイビー」という名前から一定の距離を置いている。番組では音楽や美術といった従来のテーマも扱うが、自立し始めたこの年齢層に合った手法を採り、キャラクター人形は出てこない。

残り二つの役割

女性のブランド観は、人生観を土台としている。人生観がどう変わっても、その事実は変わらない。また、人生のさまざまな要因（世代的特徴、ライフステージ、人生や役割の転機）は、製品・サービスを検討する際に組み合わされたり、あるいは相互作用したりして、購買心理に影響を及ぼす。

本章では独身女性、働く女性、母親の役割を取り上げてきたが、多くの女性のブランド観に影響を及ぼしているあと二つの役割に簡単に触れておきたい。それは「家庭の切り盛り役」と「時間に追われる買い物客」という役割だ。

家庭の切り盛り役：家庭の切り盛り役をこなしているときは、働く女性が仕事をしているときと同じような特徴を強く示す。この役割には、食料品の買い出しなどの日常的な事柄だけでなく、大型家電製品の購入調査、リフォーム業者の監督、資産管理、子供の遊びの約束やスポーツの予定といったスケジュール管理まで含まれる。

私生活のこうした「ビジネス的」側面を管理するうえで、インターネットは心強い味方だ。豊富な情報に基づく意思決定ができるし、時間も大幅に節約できる。しかも、家族のために最良の選択をするため常に学習を怠らない彼女たちにとって、ネットは安心して「素人っぽい」質問をしたり技術情報を調べたりできる場だ。

時間に追われる買い物客：女性は育児、仕事、介護の重い負担を引き受けながら、相変わらず家事の七〇%を行っている。ただでさえすべてをこなすのは大変なのに、連絡を取りたい企業の多くが九時から五時までしか営業していないとなると、ますます頭痛の種が増える。時間に追われる女性の買い物をサポートする方法を考えよう。たとえば、オフィスへの出張マッサージを行う、食品スーパー内に銀行支店を開設する、出張洗車サービスを提供するなど。平日の午前一一時～午後二時まで店頭のスタッフ数を増やすなどして、昼休みや休憩時間内に買い物や用事を終えられるよう配慮すれば、仕事時間を犠牲にせず用事を片づけられるよう応援するという、力強いビジネス・トレンドに乗ることができる。

また、インターネットは時間に追われる女性に夢を与えている。深夜や早朝といった究極の「営業時間外」にしかショッピングや娯楽を楽しめないからだ。趣味に関する情報を調べ、娯楽芸能サイトをのぞき、チャットやメールを楽しむなど、自分だけの贅沢を手に入れる。「時間外」にオンライン・ショッピングをするときだけは、家庭や用事のことをあまり意識せず、自分本来の視点で製品・サービスを見る可能性が高い。

役割を確実に理解する

女性の生活上の役割を深く理解すれば、それが日常生活や購買行動に与える影響を意識できるようになる。そしてそれを、自社ブランドに反映させることができるだろう。独身女性とか働く女性とか、単に一言で括ってしまうのは乱暴だが、第5章の教訓も生かしながら、世代の共通点と役割の両方を組み合わせれば、優れた洞察を得ることができる。

さらに、人生に影響を及ぼすさまざまな要因（世代、世代横断的なライフステージや役割、文化的影響）を検討すれば、自社ブランドを必要とするきわめてユニークな女性像が見えてくるだろう。そうした要因をすべて理解し、把握できれば、女性市場が抱える多様なニーズを満たす準備が整うはずだ。

第7章

イン・カルチャー・マーケティング

新興マジョリティ層の購買行動を読み解く

今やアメリカでは、中南米系、アジア系、黒人の各市場セグメントは人数的にも経済的影響力においても、急速に伸びてきている。もはや「マイノリティ」（少数派）ではなく、「新興マジョリティ」（新興多数派）という実態に即した名称で呼ぶ必要があろう。この層の女性たちが求めているのは、自分たちを消費市場の重要な構成員と見なし、製品・サービスやマーケティング・メッセージに多様な文化を反映させているブランドだ。

中南米系、アジア系、黒人の台頭は、急な出来事ではない。アングロサクソン系の人口の減り方を見れば明らかだ。九〇年には消費者市場全体の八七％を占めたアングロサクソン系だが、二〇〇七年までにアメリカの消費支出全体に占める割合は八〇％に低下する見込みで、しかもこの傾向は今後も続くと見られている。

新興マジョリティのセグメントを、アフリカ系、カリブ系、中南米系、メキシコ系など正確に呼び分けることは、該当する女性層を理解するための頭脳トレーニングのごく一部でしかない。本章では、これらの文化が一般に共有している、アングロサクソン文化と明らかに異なる特徴を指摘することから始める。そのうえで、主に三つの文化の特徴に触れ、そこに属する女性たちと購買決定に影響を及ぼす要因を定義していきたい。

新興マジョリティ女性の購買行動

最終的に目指すべきことは、文化の内部に視点を置く「イン・カルチャー」マーケティングの手法を採ることだ。実状をきちんと反映させ、女性市場全般と異なる信条、伝統、価値観を尊重する。中南米系、アジア系、黒人女性の視点から自社ブランドを見つめるときには、次のような民族横断的な指針を考慮したい。

一つのセグメント内にもさまざまな文化や方言がある：一口にアジア系と言っても、インド、カンボジア、日本など、国が違えば文化も言語もまったく異なる。

文化変容の程度もさまざまである：第一世代の移民女性は、娘や孫よりもずっと祖国の伝統に固執しがちだ。

宗教は、重要だがデリケートなテーマである：宗教上の祭日や祝い事は非常に大きな意味を持つ。信仰心や伝統が強いだけに、マーケティングで不用意にそうした感情を害してしまうことのないよう、くれぐれも注意しよう。

家族や家庭の問題が今も重視される：伝統的に家族の団結がしっかりと根づいている民族も少なからずある。そのような文化を持つ女性を、独立したアングロサクソン的な女性像として描いていても共感を得られないことが多い。

服装、髪形、外見全般が重要性を持つ：新興マジョリティ女性の多くにとって、身だしなみを整えることは一つの文化基準なので、マーケティングにもそれを反映させる必要がある。興味深いことに、少数民族女性は外見に気を使うわりに、白人女性ほど老化を気にしない。「フォートワース・スター・テレグラム」紙はこのように述べている。

「一般的に、中南米系、アジア系、黒人、先住民の女性たちは、年を取ること（年を取って見られること）をあまり気にしないようだ。彼女たちの皮膚に老化が表れにくいこと、また、文化的背景から老化の受け止め方が違うことが、その理由である」

未だに言語の壁は存在する：中南米系、アジア系、黒人その他の民俗文化出身者とコミュニケーションする際には、それぞれの文化変容レベルに合わせて、できるだけ相手の言葉を使おう。最低でも、広告やプロモーションを二カ国語で展開することが、消費者の文化的遺産を尊重するブランド姿勢をよりはっきり打ち出すための秘訣だ。

既存のキャンペーンのトーンを少し変えるだけで済む場合もあるが、たいていは新興マジョリティの人々が共感できるメッセージやイメージを見出すために多大な努力を要する。

たとえば本田技研工業は、多文化的アプローチの重要性にすでに気づいている。マーケティングに長けた同社は二〇〇二年半ば、中南米系、アジア系、黒人のそれぞれをターゲットに三つの異なる広告キャンペーンを開始した。

中南米系に対しては、「自動車の響きをこんなに心地よく感じたのは、いつだっただろう」というコピーのテレビCMを、英語とスペイン語の二カ国語で、ユニビジョン、テレムンド、VH1、ディスカバリー、MTVの各ケーブルテレビに流した。アジア系向けのCMは「新型アコード登場。さあ祝おうじゃないか」という、もっとお祝いムードの強いものだった。黒人向けは「デザイン一新のアコード・クーペ、ホンダから。一目でわかるその魅力」というコピーで、UPN、WB、BETの各チャンネルで放映された。

ホンダの見事な多文化的アプローチを参考に、新興マジョリティ向けの効果的なマーケティングを考えよう。以下に代表的な三つの女性市場の事実やマーケティング課題を取り上げ、イン・カルチャー・マーケティングを始めるきっかけとしたい。

中南米系アメリカ人女性の特徴とニーズ

中南米系アメリカ人の急速な人口増加は、きわめて大きなマーケティング機会だ。アメリカ国勢調査局によると、一九九〇〜二〇〇〇年の間に五八%増加している（ちなみにアジア系は四八%、黒人は一六%の増加）。

毎年一二%ずつ購買力が伸びている中南米系市場は、明らかに最も影響力のある消費市場の一つだが、まだ十分に開拓されてはいない。企業は最近になってようやく、このグループへの広告予算を確保し始めたところだ。

全国展開の小売店ターゲットは中南米系文化を賞賛し、中南米系の若者を支援してきたブランドの一つだ。二〇〇二年、ターゲットは（ヒューレット・パッカードやダイムラー・クライスラーなどの有名ブランドとともに）「チカーノ」と題する展覧会を後援した。二つの展示から成るこの展覧会は、五年間に一五都市を巡回する予定だ。さらに、展示だけでなくパフォーマンスなどの地域イベントもあり、各都市三名ずつ中南米系の若者を選んで、奨学金を贈ることになっている。

ターゲットが後援するこの展覧会は、企業が中南米系コミュニティと心を通じ合わせた好例だが、この市場の女性たちにまで到達するのはやはり難しい。彼女たちのなかには、テレビやインターネットを見ない人々もいる。そこで、典型的なアメリカ製品・サービスに対する中南米系女性の見方に、何が影響を及ぼしているのかを見てみよう。

購買行動に影響を及ぼすもの

中南米系アメリカ人女性の出身国はさまざまで、国によって文化や方言も異なる。また、アメリカ在住年数によって、文化変容レベルもまちまちだ。キューバ系女性の共感は得られても、メキシコ系女性の心をつかむには手直しが必要だ。しかも、第一世代の移民女性の多くが家族重視でヒエラルキー的な考え方にこだわるのに対し、その孫娘たちはさほど民族的でないライフスタイルや自己イメージを確立している場合もある。

彼女たちに対し、「ラテン系」「ヒスパニック系」のどちらの呼称を用いるべきかは、対象となる女性の好みと、自身をリベラル寄りと見なしているか（ラテン系）、保守寄りと見なしているか（ヒスパニック系）によって決まってくる。自社の女性市場の好みを推測するのは難しすぎるので、一般的な「ヒスパニック」という呼称を用いるのが無難だろう（訳注：本書では原則として「ヒスパニック系」を「中南米系」と訳している）。

さらに、若い世代についてはもう一つ問題がある。M・イザベル・バルデスによると、中南米系のティーンエージャーやヤングアダルトたちもまた、自分たちの言語や伝統にルーツを再発見しつつあるという。少数民族にせよアングロサクソン系にせよ、女性を相手にマーケティングをするときに、知っているつもりになるのは禁物だ。次の世代は、私たちの理論など平気で覆すかもしれないのだから。

文化変容レベルや用語の好みはともかく、中南米系女性は一般に、家族や家庭用品の買い物のことを始終考えている。家族には子供だけでなく、孫、名づけ親、親戚まで含まれ、何人もの女性（母親、姉妹、祖母など）がその世帯の意思決定に携わる場合が多い。また、ショッピングを家族の行事にすることで知られており、意識調査では回答者の三分の一以上が「家族と買い物をするほうが好き」と答えている。

中南米系アメリカ人の大多数はカトリック系キリスト教徒であり、宗教的祭日や祝い事は大家族全体にとって大きな意味を持つ。興味深いことに、コミュニティに対する忠誠心の強さは、必ずしも買い物をする店の好みには反映されていないようだ。中南米系の回答者のなかで、全国チェーンの店より地元の店で買いたいと答えた人は、二六％しかいなかった。

文化的特徴を活かす際のポイント

中南米系アメリカ人女性をターゲットとするマーケティングを展開する際に、これまで述べたような文化的特徴を取り込んで反映するには、どうすればよいのだろう。カギはどうやら、言語と文化変容レベルのようだ。

中南米系アメリカ人シニアを五〇歳以上の市場全般から大きく隔てているのは、言語と文化変容の二点であることが、ＡＡＲＰ（全米退職者協会）の調査からわかっている。多くは英語の知識が乏しく（まったくない場合もある）、介護施設よりも複数世代の住む家で生涯を終える人が多い。それゆえ、単にスペイン語で広告キャンペーンを行うよりも、たとえばスペイン語の対面型顧客サービスを提供するほうが重要かもしれない。

もちろん、時が経てば、移民たちもある程度は文化的に変容する。とはいえ、伝統的な中南米系文化の守り手であれ、もっとアングロサクソン化された女性であれ、これらの大きな影響力を持つ女性消費者に対して、自社ブランドが彼女たちの文化的背景をきちんと理解している（しようとしている）という姿勢をアピールして損はない。

何より大切なのは、彼女たちを一般化したり、ステレオタイプ化したりしないことだ。市場内部の重要な文化的、言語的多様性を無視したマーケティングは禁物である。それでは、具体的に例を挙げて検討していこう。

文化変容の違いを考慮する：年配の女性や伝統的な役割分担に今もこだわる女性の多くは、外で働こうとはしない。だから、ビジネススーツを着て携帯電話を持った女性の映像を見せても、実状を反映することにはならないし、彼女たちの琴線に触れることもない。また、言語の壁が依然として存在するという事実を忘れてはならない。ネットを利用する中南米系アメリカ人の約五一％は家庭で英語を使うことを好むものの、スペイン語を好む人も二一％おり、両方を使う人は二七％いる。

二〇〇二年夏に始まったペプシコの個別包装クッキー「ガメサUSAミニパック」発売キャンペーンは、イン・カルチャー・マーケティングの成功例だ。一二才未満の子供を持つ母親を対象に、ラジオのスポット広告、地下鉄の車内広告、シカゴのスペイン語新聞「ラ・ラサ」紙の新聞ラックの上部看板広告など、馴染み深いメディアやチャネルを通じてメッセージを届けたのである。「欲しい分だけ食べられる」というスペイン語のキャッチコピーは、彼女たちの子育ての悩みにしっかりと訴えかけた。

ファッションとメークはきちんと：アングロサクソン系の女性の多くは、Tシャツにジーンズ姿でリップグロスを塗っただけの女性に共感するかもしれないが、中南米系女性も同じだと思ってはいけない。彼女たちは伝統的に家族行事が多いので、ちょっとドレスアップすることにも違和感がなく、実際よくそうしている。

家族と子供に配慮する：彼女たちの四人に一人は、子供が自分の買うブランドに大きな影響を及ぼすと答えている。一般的に大家族で人をもてなすことも多いので、大量の食材やインスタント食品を買い込むことが多い。

地元行事を利用する：宗教上の行事や伝統行事についてきちんと調べ、敬意ある姿勢で参加したり、そこに自社ブランドをからめたりすることができれば（たとえば、スポンサー企業となるなど）、ブランド認知を高める絶好の手段になるかもしれない。

インターネットとケーブルテレビ広告を活用する：家庭、職場、または大学でのネット利用者数は約一二四〇万人に上り、今後も増加が見込まれる。コムスコア社の中南米系マーケティング担当副社長、リチャード・L・イスラエルは次のように述べている。

「中南米系のネット利用者は比較的若く、大家族と住んでいるため、家族の買い物にも影響を及ぼす場合が多い。何より、主要サイトを通じて効率的に到達できる」

テレビの視聴習慣については、サーベイズ・アンリミテッド社が行った都市部の女性の調査から、中南米系や黒人の女性には、非中南米系の白人女性と比べ、従来のネットワーク局よりケーブル・テレビ・チャンネルを好む人が多いことが判明している。また、中南米系、アジア系、黒人の女性は、デジタルテレビ放送のさまざまな機能に、白人女性よりも高い興味を示したという。

アジア系アメリカ人女性の特徴とニーズ

中南米系であれば、出身文化はさまざまでも言語はある程度、近いものがある。ところがアジア系の場合、そんな共通点さえない。日本、中国、韓国、インドネシア、パキスタン、インドなど、さまざまな国々から移民してきて、他の新興マジョリティ女性たちよりもはるかに多様な言語や方言を持っている。つまり、アジア系として一括りにするのではなく、自社顧客の最も代表的なサブセグメントに、照準を合わせる必要がある。

アジア系女性にマーケティングを行う際は、アジアの諸文化で古くから重視されてきた「コミュニティ」と「子供」の二要素がカギとなるかもしれない。実際、これまでアメリカにやってきた多くのアジア系移民たちと同様、「アジア系の人々が挙げる移民の主な理由は、子供によりよい生活を与えたいという思い」なのだ。

購買行動に影響を及ぼすもの

アジア系女性の態度や購買行動と、それらがどの程度コミュニティや子供を中心としているかは、祖国の文化における女性の社会的地位や役割から影響を受けている。たとえば、たとえフルタイムで働いていても、祖国にいたときと同様、家事の大半と家計全般を切り盛りし続ける。彼女たちは祖国の文化に従い、これまでしてきたこと（つまり、たくさんのこと）をこなしながら、アメリカ文化で期待される付加的な仕事もしているのだ。

総じて教育レベルが高く、家庭の切り盛りを通じて培ってきたスキルを利用して起業する人も多い。実際、教育もビジネス経験も豊富なため、アングロサクソン系より進歩的ともいえる。アジア系女性を従順で受け身な「芸者」だなどと思ってはならないのだ。

加えて、ショッピングのスキルもなかなかのものだ。アジア系の消費者は他の新興マジョリティ・グループよりよく買い物をするうえ、半数近く（四三％）の人が必ずブランド物を買い求めている。ただし、興味深いことに、ブランド意識が強いからといってロイヤルティが高いとは限らない。アジア系消費者の二五％は、頻繁にブランドを変えると答えているのだ（中南米系では二二％、黒人では二〇％、アングロサクソン系では一七％）。さらに、オンライン・ショッピングの上得意でもある。電話注文やメールオーダーでの商品購入率は白人、中南米系、黒人より低いが、オンライン利用率はアジア系が最も高い。

文化的特徴を活かす際のポイント

彼女たちの多様な文化や価値観には各々違った独自性があり、それをマーケティング・メッセージにも反映させるべきである。既存のテレビ広告キャンペーンを母国語に吹き替えるだけでは、確実に足りないのだ。

引退者向けの住宅地イージス・ガーデンズは、少々アメリカ的な商品をイン・カルチャー手法でアジア系に提供した好例といえる。AP通信のデボラ・コンはこう述べている。

「同社は中国系顧問委員会のアドバイスにより、企業カラーをアジア人にとって葬儀を想起させる青から栗色に変えた。また、アジア文化では番地の「四」が死を連想させることから、市の建築局に変更を願い出た」

イージスの例を参考に次のアドバイスを実践すれば、情報通で勤勉なアジア系潜在顧客とよりよい関係を築くのに役立つだろう。

成功のイメージが共感を呼ぶ：東南アジア文化の出身者を除いて、大多数は老いも若きもイメージを重視する。つまり、彼女たちを成功した役どころとして描くことが大切なのだ。上質な装いやアクセサリーなど、細部にまでこだわった適切な演出も忘れずに。

各文化特有の伝統を学び、尊重する：どんなときに贈答品を送るかは、同じアジアでも異なる。このことは、アジア系女性のニーズに関する知識をマーケティングに反映し、そうしたニーズをより深く満たす大きなチャンスとなりうる。

馴染みの言葉で語りかける：新興マジョリティ女性は自分たちと同じ体型や肌の色の女性が

登場するマーケティングを喜ぶが、母国語を使用すれば、文化的な誇りはいっそう膨らむ。文化的にかなり変容してきたとはいえ、母国語で語りかけ、時間と予算をかけて実状を反映した広告をつくる企業には、きちんと目を向けるはずだ。

第一・五世代移民を見過ごさないこと：アメリカの急増する多文化人口のなかでも、アジア系の第一・五世代は「忘れられた」世代であり、もっと注目に値すると、アジア・リンク・コンサルティング・グループは述べている。第一・五世代とは、一八歳未満の子供のときに、自発的に移民を選んだ親に連れられてアメリカにやってきた人々だ。通常、第一・五世代は、第一世代と呼ばれるアメリカ国外生まれの移民世代と、アメリカで生まれた第二、第三、第四世代の両方の特徴を持つ。

黒人女性の特徴とニーズ

アメリカ企業は黒人の関心やニーズに十分に対応しているのか――近頃、メディアではこのデリケートな問題をよく取り上げるようになった。広告キャンペーンに登場する黒人俳優やモデルの数は明らかに増えているが、幅広い黒人文化を含むこのマイノリティおよび新興マジョリティのなかには、今も不当な扱いを受けていると感じている人々がいる。

購買行動に影響を及ぼすもの

女性なら誰でもそうであるように、黒人女性も自分が消費者として尊重され、ブランドへの参加を促されていると感じたがっている。一般に黒人女性は、自分たちのコミュニティや教会活動に敬意を払い、自分たちが大切にしている価値観を反映したマーケティングに触れると、その製品・サービスを集中的に買う傾向がある。

『ニューズウィーク』誌の最近の記事によると、黒人女性の大学進学率が三五％であるのに対し、黒人男性は二五％。しかも、「大卒の黒人女性の所得は、すでに黒人男性就労者の平均所得を上回っており、さらにいえば女性全体の平均所得さえも上回っている」という。このように、黒人女性は教育レベルも高く、お金を稼ぎ、しかも家庭の切り盛り役をこなしている——つまり、彼女たちが消費行動に走るお膳立ては、おおむね整っているといえるのだ。

黒人世帯では、家庭の切り盛りや、食料品から自動車に至る購入の意思決定を、男性より女性が担う場合が多い。二〇〇二年にファニー・メイ財団が行った調査によると、黒人女性の三分の二以上（六八％）が、家庭の資金計画や予算配分を自分一人で取り仕切っていると回答している（女性全体では五五％）。さらに、女性全体と比べて既婚者の割合が低く、家計への責任もより大きい傾向にある。

二〇〇〇年の国勢調査によると、三〇～三四歳の黒人女性の四七％は結婚歴がない（白人女性の場合は一〇％）。ところが、独身の黒人女性たちによる養子縁組件数が記録的に増えている。ＨＨＳ（アメリカ保健社会福祉省）の統計によると、二〇〇一年に公的な養子縁組斡旋所を通じて養子縁組が成立した子供の三二％は独身女性の元に引き取られているが、養母の半数以上（五五％）が黒人女性なのだ。

全般的に見て、黒人女性の経験や期待は、出身国（アフリカ諸国かカリブ海諸国か）や過ごしてきた人生によって大きく異なる。公民権運動の激動の時代を体験した人もいれば、それを知らない人もいる。黒人女性の権利意識の強さは消費行動に大きな影響を及ぼす可能性があるが、それも個々の女性が人種隔離政策の体験者か、あるいは社会的に多様な環境を生きてきたかによって、かなり変わってくる。

本章で見てきた三つのグループのなかで、最も流行を意識するのが黒人女性だ。実際、「流行やトレンドに遅れたくない」と答えた消費者の割合は、アジア系が二八％、中南米系が二七％、白人が二五％だったのに対し、黒人では三四％だった。

文化的特徴を活かす際のポイント

マーケティング・メッセージのトーンをポジティブで敬意に満ちたものに保つのは誰に対しても必要だが、黒人女性の場合にはとりわけ重要となる。他の新興マジョリティの場合と同じく、プロモーションやメッセージにおいては、顧客の主なライフスタイル要因を反映したサブセグメント化をきちんと行わなければならない。黒人女性への理解を反映したメッセージづくりの指針を以下に挙げよう。

コミュニティに本気で関わる姿勢を示す：地元行事の後援は効果的な草の根手法だ。ローカルなメディア・チャネル（掲示板広告など）も関係を築くための強力な手段として活用しよう。また、黒人女性の多くは、自分の通う教会を本当の意味でのコミュニティ・センターと見なしている。

『ダイバーシティ・インク』誌が二〇〇一年に報じているように、「多くの黒人にとって、教会は単なる礼拝の場にとどまらない。保健所、学校、書店、カウンセリング・センター、就職斡旋所、幼児教育センターなどを兼ねている場合もあるのだ」。

黒人の通う教会でありとあらゆる製品を売ろうとするマーケターもいるが、商売が精神的、宗教的な目的の妨げとなってはならない。

ライフスタイルと文化的多様性を尊重する：年配の黒人女性は広告キャンペーンに黒人が登場することをさほど期待しないが、その娘や孫娘たちは、マーケティング・メッセージにも自分たちの経験してきた人種的、文化的多様性が反映されていることを期待する。さらには、自分たちと同じ黒人の働く女性、学生、運動選手、母親が広告キャンペーンに登場したり、その主役となることを期待している。

ポップカルチャーへの関心を活用する：昨今、黒人ティーンエージャーの音楽やファッションは世界的に大きな影響力を持っており、とりわけ黒人女性ミュージシャンの活躍ぶりは際立っている。マーケティング・メッセージでもこうした点を利用すれば、最新のトレンドを把握しているブランドだということを示せるだろう。

メディア・チャネルの利用実態を反映する：生活の中心が黒人コミュニティにあることは、黒人向けの新聞、雑誌、ウェブサイト、テレビ、ラジオなど、彼女たちが利用するさまざまなメディアを見れば明らかだ。興味深いことに、一般的に新聞の購読率は落ちているが、黒人向け新聞についても同様に関心は薄れているようだ。最近では、黒人向けのメディアやチャネルだけでなく、一般の主要メディアも比較的よく利用されている。

多様化する市場に適した考え方

マーケターの多くは、最近になってアングロサクソン系女性の消費行動に目を向けるようになったばかりであり、新興マジョリティ層にまで意識が行き届かないことが多い。だが、今後アメリカで急成長が見込まれるのは、むしろ中南米系、アジア系、黒人の三つの主要市場だ。

女性が消費支出に及ぼす影響の大きさを見れば、新興マジョリティ女性たちに自社ブランドをはっきりポジティブに見てもらう方法を真剣に考えるのはマーケターの義務である。人種的にも文化的にも多様化した今の市場に合わせて、マーケティングを各文化の内部に視点を置いた「イン・カルチャー」なものにしなければならない。

新興マジョリティの女性消費者については得ることが多いが、ちょっと首を突っ込んだ程度では何もつかめない。考えるより先に全身で飛び込み、彼女たちの心をつかむ方法を真摯に学び続けることが必要だ。自社製品や自社ブランドに対する見方に影響を及ぼすのはどんな文化的要素なのか、ぜひ発見してほしい。

大きな影響力を持つこの女性市場は、自分たちの文化やコミュニティが、イベントの後援や母国語の掲示板広告、特定文化向けの製品（食品など）を通じてブランドに反映されていると知れば、その企業の行動に注目し始めるだろう。製品・サービスが彼女たちのためにできることを知ってもらうには、それが一番なのだ。

第8章

学習曲線とライフステージ

新しい関係を始める絶好のチャンス

マーケターはよく「ブランドの好みは若いうちに確立する」という既成概念に基づいて、若年層をターゲットに設定する。確かに若年期に好みが確立するブランドもあるが、顧客の人生には「ブランドに対して開かれた」時期が他にも何度かある。そうした時期には、企業が初回購入者の関心を引き、競合ブランドからシェアを奪うチャンスが豊富にあるのだ。

購入前学習で急激に知識を増やしたとき（たとえば株式や投資信託）、人生の過渡期を迎えたときなど（たとえば子供の誕生）、新たなブランドを吟味する時期は多々あり、そこで数多くの意思決定を下す。普段以上にサポートを必要とする状況なので、強固な顧客関係や深いロイヤルティを築くまたとないチャンスだ。何よりありがたいのは、こうした学習曲線や人生の転機は、顧客が若いときに限らず、人生に何度も訪れるということだ。

本章では購入サイクルにおいて「自信」が果たす役割を探り、次に、女性が一生に何度もくぐり抜ける人生の過渡期を詳しく観察する。顧客がカスタマイズされた情報やサポートに飢えている今、しかるべきタイミングと場所で、情報を的確に提供する方法を考えていく。

教育や経験が購買心理を左右する

買い手としての「自信」の度合いは製品分野ごとに大きく異なる。それが購買心理を左右しかねないため、マーケターは対策が必要だ。練り歯磨きなら誰でも気軽に買えても、思い入れたっぷりの初めての育児用品や生命保険となると、買い手の自信はとたんに怪しくなる。とりわけ初めてのときに基本情報の提供を怠ると、自信のない買い手を遠ざける危険性がある。逆に、素人扱いしたばかりに、自信のある消費者から低レベルの製品・サービスと見なされ、敬遠されてしまうこともある。

自信のない顧客とある顧客を一度に相手にする方法を知っている企業は少ない。そこがチャンスである。それができた企業だけが頭角を現し、成功に王手をかけている。

人々の知識や経験には大きな幅がある。だから、相手が学習プロセスや購入プロセスのどこにいても対応できる方法を探ることが重要だ。もともと学習曲線の高い業種——金融サービス、住宅リフォーム、電機製品、一見楽しそうなスノーボードなど——にとっては、「未知への不安」が女性顧客を引きつけるうえでの最大の障害となりかねない。

さまざまな自信のレベルに対応するには、販売プロセスに何カ所も入り口を設け、顧客の学習環境を快適でサポート体制の整ったものに保つ必要がある。こうして購入まで導かれ、新たに自信をつけた女性顧客は、そのブランドの熱心なファンとなり、熱意ある「伝道者」となってくれるだろう。

幅広い自信レベルに対応する

主要女性顧客データの平均値ばかり見ていては、顧客の自信レベルに大きなばらつきがあることを見逃しかねない。その製品分野に対する自信レベルの高低を問わず、どの顧客層にも対応できる計画を展開する必要がある。一口に女性見込み顧客といっても、その業界の専門用語に通じ、手続きに慣れた人もいれば、基本をかじったばかりで及び腰の人もいるだろう。

自信レベルの高い顧客ばかり相手にしていると、自信のない顧客の共感を得られなくなる。

自信のない顧客にかまけていると、業界知識が豊富で欲しい製品も買い方もわかっている人々を苛立たせてしまう。あちらを立てればこちらが立たずといった感があるが、心配はいらない。すべての顧客の時間と知識を尊重する一番の方法は、レベルに応じて提供内容をカスタマイズすることだ。そうすれば、初心者を丁寧に導きながらも、業界知識の豊富な女性顧客が活用し恩恵を受けられるような、高度な資料やプランを提供できる。

女性に馴染みにくい分野では、自信を育むための「接点」をいくつか設け、懇切丁寧に購入へと導くのも一つの方法だ。オンライン・ストアでうまく買い物ができるよう、技術的な質問を電話で、必要なら二四時間、それも音声応答でなく人間が受けつけるといった基本的なことでもよいし、銀行に相談に訪れた顧客にフォローの電話をかけ、商品に関する疑問がすべて解消されたかどうか確認するといったことでもよい。

顧客との対話やコミュニケーションを日常に組み込めば、顧客全体の学習プロセスを監視しながら、対象となるサブセグメントの実態を正確に把握できる。そうすれば、顧客のニーズや期待の変化にもっと敏感に対応し、販売やマーケティングのプロセスを常にリアルタイムで微調整できるようになる。

いずれにせよ、製品知識や業界知識を増やしたり、サイトでの買い物が楽になるような選択肢を与えれば、どんな自信レベルの女性でも喜ぶだろう。

自信のある顧客、ない顧客——レベル別対処法

学習曲線が高い製品・サービスとは、購入前に膨大な情報を検討しなければならない製品・サービスのことだ。なかには一見、難しそうでも、昔から市場に出回っているため、多くの顧客が購入プロセスに慣れ親しんでいるものもある。

たとえば、子供の学資の運用先を決めるときには、高い学習曲線をクリアしなければならないが、デオドラント用品なら気軽に買えるだろう（もちろん最初は馴染みがなかっただろうが）。新型の給湯器を買うには一定の学習が必要かもしれないが、自動車の買い方ならたいていの成人女性は知っている。要するに、業種によって事情は異なるのだ。

自信のない消費者

初めて買う人であれ、ベテランの購買担当者であれ、女性がブランドにアプローチするときには、それぞれ異なるニーズを抱えている。まず、あまり自信のない女性の例を見てみよう。

自信のない初心者はまず、友人にアドバイスを求め（たとえば「芝刈り機を買ったことがある？」「選ぶときの注意点は？」など）、ネットで調べる。次に、もっと高度な質問を友人にぶつ

ける（「環境的に見て電気とガス、どちらにすべきか迷っているの。どう思う？」など）。十分情報が集まったら再びネットに戻り、特徴やメリット、価格、小売店を比較する。

普段から顧客と密接につながっているブランドなら、購入前プロセスの初めのほうから、初心者のレーダーに引っかかるはずだ。たとえば、友人が昔からそのブランドを買っている、あるいはオンライン・ショップではキーワードが業界用語でなく話し言葉になっていて、検索しやすさが評判を呼んでいるなどだ（たとえば、買い物をするときにまず思いつくのは、「洋服」という言葉であって「アパレル」ではない）。

ウェブサイトには、最終的な購入手続きに至るはるか前の段階から、初心者がわかりやすく学べるような選択肢をいくつか用意しておくこと。ただし、「幼稚な」説明と「わかりやすい」説明は違うということをお忘れなく。自信のない新米顧客だからといって、子供相手のような噛み砕いた説明をする必要はない。

また、相談相手の友人たちが必ずしも自社ブランドを薦めてくれるとは限らない。そこで、ネットや検索エンジンで確実にその女性の視野に入り込んでおく必要がある。

女性顧客たちの「自信がなく、あれこれ検討中だが、もうすぐ買う」という自然な意思決定の流れを観察し、そこで得た知識を利用して、彼女たちがいざ買おうとしたときに、しかるべき場所で待ち受けるようにする。たとえば、検索エンジンで製品名や製品タイプを入力したとき、自社ブランドが検索結果の上位にリストアップされるかどうかを確認する。あるいは、天然女性ホルモン剤の場合、女性向けの自然療法と聞いて誰もが真っ先に思いつくブランドになれば、更年期のサプリメントを選ぶ過程でも目や耳に触れるだろう。アクセスのしやすさ（覚えやすいＵＲＬなど）と、タイミング（銀行なら第一子誕生時に学資積み立ての案内を送るなど）は、認知度を高めるための大きな第一歩だ。

自信のある消費者

上記の対極にあるのが、製品のアーリー・アダプターや、ほかの何らかの理由によって、その業種の高い学習曲線を上りつめた女性たちだ。情報通の買い手に対し、市場全体の最大公約数を取ったレベルの低い接し方をすると時間がかかりすぎて、判断も行動も速い彼女たちをいらつかせてしまう。自信のない消費者のために懇切丁寧なオプションを用意したように、自信のある消費者には「追い越し車線」を用意し、購入プロセスをスピーディに導く必要がある。

自信のある女性消費者は、学習プロセスのかなり先のほうにいる。すでに友人の話を聞き、調査してから再び友人に相談し、製品比較情報も読んでいる。競合他社に接触したり、他社製品を試したりしている可能性もある。すでに意思決定に必要な学習を重ね、判断材料を蓄積したうえで、最も共感できて効率的にニーズを満たしてくれそうなものを探しているのだ。

こういう買い手は話は早いが、自信があるだけに不満も感じやすい。たとえば、情報通の顧客が一番イライラするのは、オンライン・ショッピングで「買い物かご」に行く前に、長々とした書式に入力を求められることだ。これでは、競合他社のサイトへと逃げられても仕方ない。

できる限り障害物を取り除き、道幅を広げよう。彼女たちは戦略的、効率的に買い物を済ませようとしている。自然な意思決定の流れに合わせつつ、基本を飛ばして先に進む方法を用意する。たとえば、とっくの昔にプロフィール情報を提出している常連客のために、サイト上に「簡単購入」のリンクを設ければ、IT通の自信のある顧客も満足するだろう。

両極のレベルの顧客を同時に相手にするには

自信のない顧客、ある顧客の両方を意識してマーケティング・メッセージや製品情報を提供し、すべての顧客にとってハードルのない入り口を用意するためのヒントを紹介しよう。

購入プロセスのどの段階にいるかを相手に尋ねる：購入プロセスのどの段階にいるかを尋ね、それに合った対応を取るよう、販売員やサービス担当者を教育する。相手が「ちょっと見ているだけです」と答えたら、必要な情報をピックアップしてその日のうちにeメールや（相手が望めば）電話で知らせる。もし「買うつもりです」いう答えなら、その言葉を信じ（しつこく勘ぐってはいけない）、その後の手続きを最大限スムーズに効率的に進める。

さまざまなレベルの消費者教育を提供する：顧客が基礎知識からより高度な話題へと進めるよう、さまざまな教材を用意する。

関連するスキルを教える：希望者に業界知識や賢い購入法を教える情報手段（オンライン・ワークシート、セミナー、パンフレット、個人指導）を用意しよう。また、自信のない顧客が情報通になれるよう、知る人ぞ知る秘訣やインサイダー情報を教えよう。たとえば、園芸店なら「ガーデニング入門」と「上級者のためのガーデニング教室」の二コースを用意するなどだ。

主な情報提供ポイントを計画する：顧客が購入を決めるまでに、どんな情報を必要としているかを考える。そして、学習と意思決定のこうした自然な流れを、教材やセールス・プレゼンテーションなどの情報手段によって促す方法を探ろう。

オンラインの選択肢を増やす：ウェブサイトやeメール・キャンペーンなどのオンライン・ツールは、製品知識に自信のある女性もない女性も満足できるよう、念を入れて開発しよう。サイトでは、顧客サービスをローテク（電話）とハイテク（チャット）のどちらで受けるかを選べるようにすれば、ITリテラシーの高い女性も低い女性も満足できる。eメールなら、テキスト形式とHTML形式を使い分けるとよい。

さまざまな自信レベルの顧客を満足させるには、できるだけ多くの顧客が利用できるよう、複数の選択肢を用意するのが一番だ。製品・サービスの提供方法をレベルに合わせてカスタマイズするのも一つの方法だろう。そうすれば、初心者の意思決定プロセスを親切に導きながら、同時にスピーディな情報入手や購入の手段も用意し、情報通の顧客の時間や知識を尊重できる。なかには、無料でメンバー登録すると、自動的にサイトのもっと奥に進み、初歩的な情報をすべてスキップできるようにしている企業もある。

ただし、女性市場は常に成長し、学習していることをお忘れなく。つまり、自信レベルは一度調査すればおしまい、ではないのだ。自社顧客の学習進度を定期的にチェックし、それに応じたアプローチや技術を開発し直すことが重要だ。

すべてのレベルに対して快適かつサポート体制の整った事前学習環境を提供し続ければ、女性顧客はそれを心に留め、友人にクチコミで伝え、常連になってくれるだろう。ありがたいことに、女性の多くはいったん基礎知識を学び、好奇心をかきたてられると、その後の飲み込みは早く、たちまち達人と化す。きっと、素晴らしい顧客になってくれるだろう。

人生の過渡期に「門戸」が開く

人生の過渡期、つまり重大な変化が訪れる時期には、ブランドが顧客と関係を築く機会がきわめて豊富になり、数多くのブランド選択が行われる。もちろん、ライフステージに着目するというアイデアは今に始まったものではない。成人したとたん、大学の寮の郵便受けにクレジットカードの入会案内が山ほど届いたのを覚えている人は多いだろう。

新居を構える人々もマーケターの熱い視線を浴びている。昔からアメリカでは、新居に引っ越すと近所の人々がパイを手に歓迎してくれたものだが、今や真っ先に歓迎してくれるのは、郵便受けにぎっしりと届いているホームセンターやフィットネス・センターのDMだ。

最近では、特に女性向けマーケティングにおいてライフステージ・マーケティングへの関心が高まっており、人生の過渡期に乗じて新規顧客を引きつける方法も高度化してきている。

人生の過渡期が重要なのは、それがブランドを巡る反省と検討、決断のときだからだ。過渡期には、普段より意識的な意思決定プロセスが求められるので、顧客はいつもと違う方法を探ったり、新しいアイデアや選択肢を広く検討しようとする。

自分のニーズ（たとえば、新たなベンチャー・ビジネスのための小売りスペース）についてだけでなく、ニーズの満たし方を考えたり、ときには品質や価値の基準を見直したりする場合もある（たとえば、オフィスの床を安物のカーペットではなく、上質のフローリングに変えるなど）。多くの人は新たなライフステージを迎えると生活をグレードアップさせ、新しいブランドを真剣に検討したり、未知の業界について調べたりする。

典型的な過渡期

悲喜こもごもの出来事を合わせると、緊張と感情の高まる過渡期は平凡な人生にもけっこう頻繁に訪れる。結婚や離婚のように、繰り返されるものさえある。つまり、過渡期について学び、認識を高めることで、女性の視野に入っていくことがいっそう重要になると考えられる。典型的な人生の過渡期を挙げてみよう。

・大学に進学し、親元を離れる
・結婚もしくはパートナーシップの誓い
・子供の誕生もしくは養子縁組
・新居の購入
・転職や異動
・別居や離婚
・初孫の誕生
・引退
・配偶者やパートナーの死
・親の病気や死
・「サンドイッチ世代」の負担（親の介護と育児を同時に担う）

・「空の巣症候群」（子供が成長し、家を出ていく）

時代による違い

社会や文化の変化に合わせて、人生の過渡期にも新しい傾向が見られるようになっている。代表的なものを取り上げ、女性向けマーケティングにどんな影響を及ぼすのか見てみよう。

過渡期を乗り切るのはたいてい女性：過渡期に当たって購買の意思決定を下すのはたいてい女性なので、精神的、肉体的負担の多くは女性の肩にのしかかることになる。託児所探しにせよ、離婚にせよ、空の巣症候群や老親の介護にせよ、ストレスいっぱいの時期に特別なサービスやサポートを与えてくれる製品・サービスがあれば、心から感謝されること間違いない。

やり直しは今や普通：かつて一生に一度と思われていた過渡期（結婚、子育て、離婚など）が、二度三度と訪れるのが普通になっている。つまり、過渡期が訪れる年代を決めつけることなく、自社の製品・サービスで顧客満足を培うことが重要だ。なぜなら多くの女性は、同じ過渡期が再び訪れたとき、以前と同じブランドに頼ろうとするからだ。

変化する人生のスケジュール：これまで若者のものとされてきた過渡期が、もっと上の年代で訪れるようになっている。たとえば、最近では多くの女性が三〇代後半や四〇代、場合によっては五〇代で育児を体験している。女性はより長く、若々しい人生を過ごすようになった。

ライフスタイルの実態を正確に理解するには、寿命が一〇年ほど延びた分、晩年期が延びたわけではなく、活動的な四〇～六〇代のライフステージが延長されたと考えるべきだろう。

中高年の過渡期が頻繁に：中高年の過渡期がもたらす市場機会が増えている。ベビーブーマーが年を取るにつれて、更年期、引退、再婚、孫の誕生といった過渡期を迎える女性も増えている。ただし、今後のシニア層は、従来のような「高齢者」向けマーケティングを見直し、若々しい自己イメージを裏づけてくれることを企業に求めてくるはずだ。

困ったときに頼れるパートナーとなる

人生の過渡期を迎えた女性は、次から次へと意思決定の必要性に迫られるため、普段のように広い視野で生活を見渡せなくなる場合もある。万事順調なときにも質の高い製品・サービスを歓迎するが、この複雑な時期にはそういうものをいっそうありがたく思うだろう。

過渡期を迎えた消費者にとっては、ブランド名、製品カテゴリー、価格帯など、何もかもが初めてのことばかりだ。相手の混乱に乗じて一気に売りつけるのではなく、パートナーとなって学習を加速度的に深める手伝いができれば、新たな顧客を獲得し、既存顧客からのロイヤルティも深まるだろう。人生の過渡期にある顧客とパートナーになる方法を見てみよう。

予備知識を与えてサポートする：過渡期の女性は一時にいくつもの決定を下すことが多いので、製品の仕組みや使い方、どんなオプションがあるか、問題が起きたらどうするか（これが一番重要かもしれない）といった教育的な情報を提供しよう。一般に、この種の情報提供には、インターネットが最も適している。

人間的要素の活用：ハイテク機器であれ、ローテクの洋服であれ、保険や自動車であれ、困っているときに企業が人間的な面を見せれば、心を通わせることができる。保険会社のステート・ファーム・インシュアランスは、自社サービスを利用する人々はたいてい、感情の高ぶる過渡期にあることを知っている。そこで、「あなたの生きるところに私たちも生きています」「よき隣人のように、ステート・ファームはそこにいます」といったスローガンを掲げ、地域代理店と長期的な関係を築く能力をアピールした。

関連づけで明確に：人生の過渡期はしばしば初回購入のきっかけとなる。未知の製品を紹介するときには、馴染みのある概念と関連づけることが大事だ。たとえば、コンピュータの保守用ソフトウェアの開発会社なら、自社製品を「ハードディスク・ドライブの大掃除」と説明してもよいだろう。

製品や情報をセット化する：リビングルームのペンキを塗り替えようとしている女性は、ペンキローラー、トレー、たれよけ布、テープ、小ぶりのブラシが入った基本的な「スターター・キット」があれば、時間を節約できて喜ぶだろう。また、「新婚キット」も、何かと緊張の多い過渡期に役立つアイデアの好例だ。

「ウォールストリート・ジャーナル」紙によると、タイム・ワーナーの『ペアレンティング・グループ』誌は、郡の担当者を通じて、結婚許可証の申請に訪れたカップルたちに、無料サンプルや商品クーポンがいっぱい入ったビニールバッグを配布しているという。この「新婚キット」には自社製品だけでなく、手数料と引き換えに他社製品も組み込んでいる。Y世代の多くが結婚の集中する年代（二〇代）を迎え、その配布数は増える一方だ。記事によると、新婚夫婦の結婚後六カ月間の買い物額は、既婚世帯の五年間の買い物額を上回ることが、コンデナスト社の調査で判明したという。結婚という過渡期は、ブランドをアピールする絶好のチャンスなのだ。

信頼される情報フィルターとなる：信頼できる企業や個人のネットワークを築き、顧客に紹介すれば、女性顧客からの評価は飛躍的に高まるだろう。たとえば法律会社なら、夫に先立たれたばかりの女性が法律上の手続きをこなすのを手伝うだけでなく、派生するニーズについても信頼できる専門家を個人的に紹介すれば、信頼を勝ち得て今後もひいきにしてもらえる可能性が格段に高まる。

複数のニーズに対応する：金融サービス業は、一企業があらゆるニーズに応えようとする業種の好例だ。結婚で転機を迎えた女性でいえば、新しい個人小切手と貯蓄口座、投資案件の変更（生まれてくる子供の学費など）、生命保険、老後の資金計画、婚前契約、住宅ローン、住宅保険など、さまざまなサービスを一社で受けることができる。

インターネットを利用したメタマーケットは、複数ニーズを一手に満たす試みを進化させている。母親向けのベビーセンター・ドットコムや新婚女性向けのザ・ノット・ドットコムは、製品教育、製品比較、購買を一つの拠点に統合している。メタマーケットの概念は、「顧客の製品や市場に対する考え方と、現状における製品や市場の分類や販売の仕方とは大きくずれている」という、単純だが深い洞察に根ざしている。

顧客は互いに関連するさまざまな活動の側から考えるのに対し、企業は製品側から考える傾向がある。認知空間で当たり前のこととして結びついているさまざまな活動は、たとえ市場では多種多様な業者によって提供されていても、顧客の頭の中では一つの市場を形成している。メタマーケットの境界線を決めるのは、顧客の意識においてそれらの活動が密接に結びついているかどうかであって、製造・販売する企業や業界が互いに関連しているかどうかではないのだ。

たとえば、住宅所有者の活動を見てみよう。顧客の側から見れば、住宅の購入や資金調達、保守や修理、リフォームは、当然ながら結びついている。つまり、これらの活動はまとめて

「住まいのメタマーケット」と見なすことができる。ところが実際の市場では、不動産業者、銀行、住宅ローン会社、新聞社、配管業者、電気技師、芝生管理サービス会社、家政婦派遣会社、ホームセンター、住宅改修業者、建築家、インテリア・デザイナーなどと個別に取引しなければならない。しかもそのためには、数多くのメーカーやサービス事業者を探し出し、評価し、いちいち交渉しなければならないのだ。

人生の過渡期の不安を和らげ、女性が必要とするときに手を差し伸べるブランドは、長期的な顧客関係構築への大きな第一歩を踏み出せるはずだ。

変化の緩衝材として貢献する

残念ながら、人生の過渡期のストレスや難問は一夜では解決できない。変化の続く期間は、個々の女性や事情によって変わってくる。だから、ブランドは腰を据えて、本当の意味で彼女たちを支える方法を考え出す必要がある。

たとえば、子供が親の離婚を受け入れる、あるいは親の再婚や新しいパートナーと同居する生活に順応する際の苦労は、予想外に長引く場合がある。製品・サービスをカスタマイズし、特殊な訓練を受けたスタッフを用意して、こうした人生の岐路の苦しみに理解を示せば、表面的な関係にとどまらず、困ったときに本当の助けとなるような、継続的で支援的な関係を育めるだろう。

女性にとっては、過渡期のもたらすストレスもさることながら、平行して生活の他の面を機能させ続けなければならないという苦労もある。人生の岐路に立たされたからといって、他の役割や責任を投げ出すわけにはいかないのだ。転職したからといって、母親や妻の役目を一時休止できるだろうか。何もかも投げ出して真空状態で集中することはできないのだ。

それでは、人生の過渡期に直接関係のない製品・サービスは、どんなサポートを提供できるだろうか。そういう場合、女性の他の仕事を楽にしたり、果たしているさまざまな役割（母親、働く女性、主婦）の負担を軽くしたりして、一息つく余裕を与えるクッション的な役どころを果たすことができる。

つまり、人生の過渡期にある女性にとって主眼となる製品・サービスでなくても、変化を乗り切るための緩衝材となって余裕を与えることはできるし、それによって、これまで以上に重要な役割を果たすことも可能なのだ。

第9章

オンライン戦略

ネット好きな女性との付き合い方

たとえ数人でもアメリカ人女性と一日をともにすれば、インターネットが生活の一部となっているのがわかるだろう。情報を集め、買い物をし、友人や家族とコミュニケーションを取る。

つまり、女性のたまり場を狙うには、企業もオンライン化する必要がある。

ネットを利用する消費者はどんどん増えている。実際、アメリカでは二〇〇三年に、一〇〇〇万人の消費者が新たにネットの利用を開始している（前年比六・五％増）。この勢いが続くと、二〇〇四年には、ネット利用世帯数が利用していない世帯数の二倍近くに達する見込みだ。数年前とは隔世の感がある。また、自宅でのネット利用者の半数強が女性だ（女性が五二％、男性が四八％）。しかも、女性のネット人口が今後も急増する兆しは、あちこちに見られる。

そんな女性たちのお目当ては、コミュニティとショッピングだ。なかでもアイビレッジ・ドットコムやウィメンズ・フォーラムなどの女性コミュニティ・サイトは、二〇〇二年一二月だけでも合計三五〇〇万件のアクセスを集めており、一五〜六四歳の女性ネット利用者の約三〇％に到達している。

一方、ネット利用者のなかでも、実際にオンライン・ショッピングをする層の過半数は女性だ。その利用者総数は二〇〇二年の九三〇〇万人から、二〇〇五年には三〇％増の一億二一〇〇万人に達する見込みだ。オンライン小売店全体の売上高は、二〇〇二年の四五五億ドルから、二〇〇五年にはなんと九三％増の八八一億ドルに跳ね上がる見込みだ。

女性のネット観と利用実態

今日のアメリカでは、女性が消費購入の大部分を担っているが、以前のように店から店へ車で渡り歩いて買い物をする時間はあまりない。そこで向かう先がインターネットだ。最初こそプライバシーやセキュリティの問題が懸念されたが、今やオンライン・ショッピングに対する安心感は急速に高まってきている。

女性の嗜好を満たし、情報通の彼女たちに少しでも長くとどまってもらうサイトにするには、機能性と顧客体験を向上させなければならない。また、女性が同時に利用している他のメディアとも競わなくてはならない。オンライン・マーケティング調査大手のビッグリサーチ社によると、働く女性にせよ若い母親にせよ、女性が一〇〇％集中して利用する率が最も低いメディアがネットだという。ネットを「よく」または「ときどき」利用する女性のうち、六七％がテレビを見ながら利用しているのだ。

情報の受け取り方やコンタクトの取り方に関する主導権を与えることは、よいサービスを施すうえで非常に重要である。「自分に主導権がある」という意識を持たせれば、ブランド・ロイヤルティがより長く保たれる可能性が高い。それに、ある程度自分に主導権があるとわかれば、女性は生活の中でネットが果たす役割を、非常に前向きにとらえるようになるだろう。

また、技術上のさまざまな不安に一から対処し、自社サイト（およびネット全般）を使いこなせるよう導けば、好意を抱いてもらえるだろう。すべての接続方式（ダイヤルアップやブロードバンド）に対応し、ソフトをダウンロードしなくて済む選択肢を用意する必要もある。

ハイテク、ローテク両方の顧客の心をつかむには、次のような点を改善するとよい。

接続速度：ブロードバンドの利用者が何割いるかを確認しよう。高速接続されていないコンピュータから定期的にアクセスしてみて、こうしたコンピュータにおける自社サイトの性能を感覚的につかむとよい。また、AOL（アメリカオンライン）利用者が多いようなら、eメール送信の際、その仕様に合わせること。

ソフトウェアのダウンロード以外の選択肢：わざわざソフトウェアをダウンロードしてまで資料やデモビデオを見ようとはしないものだ。だから、eメールで送る選択肢を用意するなど、ほかの方法でも必要な情報を取り寄せられるようにしよう。

見本と実例：あらかじめ全体像を見せておいたほうが、安心して新たなプロセスに踏み出しやすい。たとえば、eメールによる学習コースなら、最初に見本のeメールを送る。ネット講座なら、参加方法の概要を段階的に説明し、ほかの女性たちの「参加してよかった」「簡単だった」といった証言について紹介する。こうしたコンセプトをリアルの場で実行しているのがホームセンターだ。素材や製品を実際に使用したときの雰囲気や外観をつかめるよう、組み立て済みのキッチンや浴室をフロアに展示している。すると、たとえば照明設備を買いに来た女性が浴室全体のリフォームを考えたり、二、三点くらいは浴室用品を買い足したくなったりする可能性が高まるのだ（全体像を見せることには、こういう現実的な効果もある）。

サイトの進み方と視聴内容を選択可能に：ハイテクとローテク両方の選択肢を用意し（ストリーミング・ビデオを見るかテクストを読むか）、初心者向けと上級者向けに二つの進み方を用意しよう（最初の説明を読むか飛ばすか、デモビデオを見るか今すぐ購入するか）。

顧客サービスに人間味を：ネットで事が済むからといって、顧客がハイテクを最良の選択肢と思っているわけではない。女性の購入者が多いのであれば、なるべく人間と接する機会を用意しよう。そういう機会があるとわかるだけでも、プラスになる。また、サイトに自社ブランドが指定した専門家のｅメール・アドレスを記載して人間味を感じさせ、顧客とブランドの関係を強化し、購買体験の質を高めるのも一つの手だ（たとえば、info@ではなく、nancy@とする。「ナンシー」が実際は顧客サポートグループ全体であってもかまわない）。

最大公約数はｅメール：自社サイトのハイテクなオプション機能を女性顧客が利用していないようなら、ｅメールでそのニーズを満たすことも考えるべきだ。ネットの可能性に気づき始めたばかりの女性にとって、家族や友人との日常的なコミュニケーションに役立つｅメールは、安心して使える貴重なツールだ。新しい企画やセミナーを開始する際に、ソフトウェアのダウンロードといった技術的負担を強いる代わりにｅメールを使ったら、どれくらい参加者が増えるか試してみる価値はある。

道具として、友人として、助言者として

多くの人々にとって、通常の営業時間内に銀行の用事や買い物を済ますことは、不可能ではないにせよ、ますます難しくなっている。さまざまな役割を抱え、さまざまな人に責任を負う女性たちは、これほど情報・娯楽メディア・チャネルが溢れていても、シンプルで効率的なものに惹かれるようだ。

インターネットは女性にとって多くの面で時間節約型の道具となっている。情報収集を効率化し、自分同様に忙しい友人たちと連絡を取り合うための二四時間型の情報手段として利用している。二〇〇二年のある調査によると、比較的若いベビーブーマーとY世代でも年上のほうの女性では、「オンラインで買い物をすることがこれまでより増えた」と答えた人がどの年代の男性よりも多かった。

多くの女性は、まずeメールを試し、「友人としてのインターネット」を利用するところからオンライン体験を始める。その後は加速度的に、eメールとオンライン調査が、家族、友人、同僚、企業との日常的なつながりの一部として切り離せなくなっていく。つまり、「道具」と「助言者」の役割も果たすようになるのだ。

効率的な買い物を支援

リアルの買い物では、家庭用品や家族のものを買うためにあちこち駆けずり回って疲れることもあれば、女同士の付き合いとしてショッピングを楽しむ場合もある。だが、ネットでの買い物は、かなり趣きが違う。大事なことは、オンラインに接続し、買い物を済ませ、次の仕事に取りかかることだ。友人と気軽に同じページを共有できるほど技術が進むまでは（いずれそうなるだろうが）、ショッピングの社交的な面をオンラインで味わうことはできない。

実際、女性がネットで何かを買おうとする場合、たいていは重大な任務を帯びている。買い物リストをつくり（夫の靴、姪っ子の結婚祝い、キッチン用の新しいスピーカー）、下調べも済ませ、目当ての品を買うのに最適なサイトを戦略的に目指しているところなのだ。

オンライン・ショッピングの時間節約に貢献するサイトをつくるには、直感に従って使えるeコマースの開発が不可欠だ。大事なのは、女性が普段そのカテゴリーの製品を買うときの思考の流れに従って、サイトを設計することだ。

たとえば、REIのサイトは、製品をスポーツ種目別に分類し、「用具一式チェック」「選び方」といった項目別になっているので、非常に買い物がしやすい。情報や製品のまとめ方が親切なので、買うものがなくても、ハイキング旅行の持ち物などを確認するためにこのサイトを訪れる人もいる（そして足りないものに気づけば、その場で買う）。

女性の購買行動調査と直感的に使えるサイト設計をインターネット技術と組み合わせれば、効率的で安全なオンライン・ショッピングを実現できる。そうすれば、買い物をわずかな空き時間に済まそうとする女性たちは、こぞって感謝するはずだ。

ネット上では男女の購買行動が逆転する

ネットをうまく活用する女性たちは、やがてオンライン・ショッピングの達人となる。自分の欲しいものをきちんと把握し、さっさと購入する。リアルの場での社交的なショッピングとは対照的だ（商品を見ながらぶらつくことも、気ままな楽しみや友だち付き合いとなる）。

反対に男性はオンラインでは当てもなくぶらつきがちだが、ショッピング・モールでは行く店を決めてあり、必要なものを買ってさっさと店を出る（ただし、電機製品やコンピュータなど、趣味的なものは別）。

いったいなぜ、こうもきれいに男女の購買行動が逆転するのだろう。この点については、エンバイロセル社の創業者、パコ・アンダーヒルが詳しい。彼は著書『なぜこの店で買ってしまうのか』（鈴木主税訳、早川書房）でこう記している。

「ハードウェアやソフトウェアの世界のいたるところで、両性が役割を交換しているところが見られる。男性が商品を見て歩くことを好むのに対し、女性は目的がはっきりしていて、必要なものだけを探す。その最中に彼女たちの気を引くことなど不可能だ」。

エンバイロセル社が調査したあるコンピュータ・ソフト店では、買い物客の大半は男性なのに、実際の購入率は女性客のほうが高かったという。これは、アンダーヒルがいうように、「彼女たちが店にきたのは、実際に用件を果たすためであり、ZIPドライブやスキャナーの新製品の前で夢想にふけるためではない」からだろう。ほとんどの女性は、この道具を使いこなすのに必要なことさえわかればいいと思っているのだ。

さらに、女性は技術を取り入れ、道具に変えてしまうという。神秘的で謎めいた最新流行の機器でさえ、丸裸にして有用性を見極めようとする。女性は技術を見て、その目的や理由、それに何ができるかを見抜くのだ。男性は技術をむしろ玩具や尽きない娯楽の源と見なす場合が多い。オンラインにおける買い物行動の逆転は、この辺に理由があるのかもしれない。

一般に女性消費者は製品・サービスに男性より多くのものを期待する。そこには購買体験の一部始終も含まれる。普段は手が届きにくい層だが、ネットを通じてなら購買心理にうまくアクセスできる可能性が高い。マーケターはその事実を直視する必要がある。

役割によってネットの利用の仕方は変わる

第6章で述べたように、女性は生活の中で複数の役割を同時に担っており、その責任や関心は複雑に入り組み、重なり合っている。これら多くの要因はリアルの場での購買行動を特徴づけるだけでなく、ネットの利用や購買行動にも多大な影響を及ぼしている。

オンライン上の女性をセグメント化する最も適切な方法は、そのときの肩書き、つまり買い物に対する思考態度を見ることだという指摘もある。たとえば、「家庭の切り盛り役」としてネットに向かう場合、誕生日プレゼントから保険契約まで、家族のためにさまざまな商品を調査する。そのときネットは日常の仕事の一つであり、用事を済ませるための手段でしかない。一方、五歳になる息子の原因不明の発疹を心配する「お医者さん役」としてネットを利用する場合、子供の苦しみと自分の心配を和らげるのに最も役立ちそうなサイトを探す。しかも、必要とあれば答えが見つかるまで、一日中画面から離れないだろう。

たまにはストレスを発散するとか、気ままに楽しむためにネットを利用することもある。その日の出来事からすばやく頭を切り替え、一息つくための新しい選択肢となりつつあるのだ。こういうときは「自分だけのため」に、クイズを楽しんだり、女性向けサイトで記事を読んだり、お気に入りの情報サイトを見たりして過ごす。

さらに「働く女性役」の場合（この役割を担う女性は多い）、勤め人や企業オーナーとして、ネットを調査や調達の手段として利用している。

オンラインでの不満はリアルに波及する

女性のブランド・ロイヤルティを左右するのは、製品と購買体験の両方である。つまり、顧客満足を得られるかどうかは、関係性に対する期待を（上回らないまでも）満たせるかどうかにかかっているのだ。一度オンラインで嫌な思いをしただけで、リアルにおけるロイヤルティまでもが崩れ去ることもある。こうなると、オンラインでの顧客体験の向上はますます重要である。

それも、急いだほうがよさそうだ。何でも許してくれるネット初心者の時代は、とっくの昔(九六年)に終わった。今や初心者だろうがベテランだろうが、オンライン買い物客のほとんどは、サイト設計や顧客体験に以前より高い期待を持っている。実際、ネット利用者一万一〇〇〇人(うち女性は六〇〇〇人)を対象とした意識調査によると、たとえ好きなブランドのサイトでも、設計がよくないと買い物はしないという人が六五%もいた。さらに、サイトを利用しないどころか、その企業からはリアル店舗でも買わなくなる、という人が女性では三〇%にも上った(男性では二七・二%)。

慎重に様子を見てからオンライン・ショッピングを始めた人々は、今後のサービスにもそれだけ高い期待を抱いているはずだ。プライバシーやセキュリティ、サービスといった問題が解消したことを見極めてからネットを利用し始めた人々はよいサービスを受けられるようになる日を根気よく待っていただけに、注文が多いのも無理はない。

ネット利用のベテランたちが味わったお粗末なサイトの記憶を克服し、ネット初心者の極端に高い初期基準を満たすことで、性能、設計、機能性、顧客体験のレベルを引き上げることができる。相手はオンライン買い物客の過半数を占める女性なのだから、ミスは許されない。まず、女性なら身に覚えのある典型的なオンライン顧客体験を、いくつか見てみよう。

【よくある顧客サービスの欠点】

・問い合わせをしても、なかなか（まったく）回答がない。
・人間的な接点がない（自動音声応答の電話、オンライン・チャット、eメール）。
・顧客サービス担当者となかなか話ができない、見つからない（自動音声応答の仕組みが複雑、あるいは待ち時間が長い）。
・顧客サービス担当者が能力不足、決定権限がない。
・顧客がわざわざ苦情を文章にしなければならない。
・「一時的にサイトを利用できません」のメッセージが出る。ダウンロードに時間がかかる。

【リピート購入を妨げる主な要因】

・配達が遅い。
・注文の追跡ができない。追跡機能がきちんと働いていない。
・返品の手続きや条件が複雑。

また、二〇〇一年にブリガム・ヤング大学が四〇〇〇人以上のネット利用者を対象に行った調査を始め、多くのeコマース調査では、一般的なオンライン・ショッピングに対し、以下のような不満が挙げられている。

【一般的なオンライン・ショッピングへの不満】

・配送料がかかる。配送料が高い。
・商品の品質を判断しにくい。
・気に入らない商品を返品するのに手間がかかる。
・クレジットカード番号を盗用される可能性がある。

さらに、オンライン買い物客の不満には、ネット特有のものもある。小売りおよび消費財マーケティング専門の市場調査会社リテール・フォワードによると、オンライン買い物客の三分の二弱はショッピング体験に満足しているが、不満を挙げた人も半数以上いた。

【オンライン・ショッピングの五大不満】

・サイトを開いたり買い物をしたりするときのポップアップ広告　五二％

・バナー広告　五〇％
・ページが煩雑（広告、画像、情報の氾濫）　三五％
・アップロードやダウンロードが遅い　二六％
・目的の製品を見つけにくい　二〇％

これらのことを考え合わせると、オンラインで「してはならないこと」には、次のようなことが挙げられる。十分に注意していただきたい。

【オンラインでしてはならないこと】

・コンセプト開発やマーケティングのプロセスに、早くから十分に女性を関与させず、当て推量や時代遅れなステレオタイプで女性の求めるものを判断する。
・オンラインで買い物をする女性が本当に求めているのは、使いやすさ、解決志向のコンテンツ、優れた顧客サービスなのに、派手な技術や娯楽を重視したサイトを提供する。
・役に立たず、人間味もなく、自社に都合のよいeメールを送りつける（結果として、顧客はその企業のeメール・リストへの登録を取り消してしまう）。
・オンラインとリアルの顧客体験を統合せず、その結果、全体的な顧客体験としては、むらのある期待外れのものとなり、ブランドの信用を傷つける。
・使いづらいサイト設計、内容の薄いコンテンツ、非効率的な顧客サービス担当者（電話やeメール）のせいで顧客の時間を無駄にする。

顧客体験を改善する工夫

オンライン、オフラインを問わず、女性の求める顧客体験を提供する一番簡単な方法は、基本に忠実になることだろう。特にオンラインでは、女性は表面的な華やかさよりも的を射た中身を求めているので、うまく関係構築に努めれば購入へと結びつくはずだ。今すぐにでもできる基本的な実施例を紹介しよう。

URLを掲載する：まず、覚えやすいURLを獲得しよう。そして資料や広告のすべてに掲載し、顧客の目に留まるようにする。自社サイトのなかで最も人気のあるコーナーが、奥深くに埋もれている場合には、覚えやすいURLを別個に与え、ポップアップ形式で見られるようにしてもよい。たとえば銀行なら、女性の退職後の生活資金を扱うコーナーだけを別のアドレスで登録してもよいだろう。

あらゆるところに連絡先を掲載する：サイトのトップだけでなく、すべてのページにフリーダイヤルを目立つように掲載する。それだけでも男女を問わず顧客は安心するし、気前よく掲載することで、質問や意見を歓迎する企業だと感じさせることができる。

製品検索を単純化する：すべてのページに検索用ウィンドウを置こう。検索エンジンは費用を惜しまず本当に使えるものを用意すべきだ。サイトが複雑な場合には、サイトマップをつくること。

答えを見つけやすくする：どんな疑問も、クリック三回以内、時間にして八秒以内（業界基準）で答えを見つけられるようにすること。それ以上かかるなら、サイトの設計に問題があるということになる。

登録を義務づけない：メンバー登録を時間の浪費と感じる人は多いし、イライラして何も買わずにサイトを離れてしまう人さえいる。どうしてもサイト利用者の登録が必要なら、「顧客のオンライン・アカウントを開設するため」とか「メンバー限定の販促メールを送るため」など、目的を明確に示そう。

書式は簡潔に：請求先や配送先などの基本事項以外に、何らかの理由でどうしても書式入力を求める必要がある場合には、書式をできるだけ短くすること。そのサイトのファンで長い利用歴を持つ顧客なら、細かい質問や長い書式にも、比較的忍耐強く付き合ってくれるだろうが、通常はそうはいかない。

価格を必ず表示する：製品を最初に見せるときには、必ず価格を添えよう。せっかく調査を始めたのに、いくつもページを開かないと価格が出てこないというような事態を避け、顧客の時間を節約すれば、ブランドへの好意を大いにかきたてることができる。

製品分類は直感に従って：在庫リスト上の製品分類は、この際、忘れよう。「年齢別」や「部屋別」に製品をまとめるのは、人々が買い物をするときの思考回路に沿ったよい方法だ。たとえば、四歳児にぴったりの玩具をすぐ見つけ出せれば、その顧客が他の買い物に費やせる時間が増える。

サイト内の移動をスムーズに：サイトを実際に立ち上げる前に、客観的な部外者にサイトと顧客体験を試してもらおう。初めて使うと意外なところで立ち往生したりして、改善すべき点を明らかにしてくれることもある。つくり手は何カ月もそのサイトとにらめっこしてきているので、気づかないことがたくさんあるのだ。

信用とプライバシーとセキュリティ：なかにはリアル店舗で買い物をするほうが好きな人もいる。その主な理由は、クレジットカード情報を入力したくない、個人情報が漏れないかどうか不安、購入商品がきちんと配達されるのかが心配、といったことだ。今ではオンライン上のプライバシーやセキュリティについて適切な基準が確立しており、ベリサインなど業界認証シールへの認識もかなり高まっているので、こうした不安は多少なりとも軽減されているはずだ。

ともあれ、自社サイトが業界基準をきちんと満たすようにすることはもちろん、基準を満たしていることをサイト訪問者に確実に知らせる必要がある。

全体論的にオンライン体験を提供する

第4章で見たように、女性は脳の機能上、どちらかというと全体論的なブランド観を持つ。つまり、企業のサイトも自社の「全体」を反映したものでなければならない。女性が一番求めているのは、言うまでもなく、質の高い製品と手頃な価格と反応の早い顧客サービスだ。それらを踏まえたうえで、そのブランドがどんな社会活動を支援しているか、意思決定プロセスに役立つ十分な背景情報を与えてくれたか、社員や地域社会を大切にしているか、パッケージが環境を意識したものか、といったことに目を向ける。

自動車メーカーのサターンは、リアルでの評価にふさわしい存在感をオンラインでもうまく築いている。同社のサイトの「当社の歴史」ページには、こんな風に書かれている。

「何よりも人を第一に――サターンはそんなシンプルな考え方で誕生しました。最初に目指したのは、これまでとは違った企業をつくることでした。それは、人々が協力して自動車をデザインし、組み立て、販売するためのよりよい方法を、本気で見つけようとする企業。そして、率直に語り、約束を実行し、適正な価格で確かな価値をお届けする自動車会社です」

さらに同社のサイトでは、自動車労働者組合との強固な関係や、工場所在地の近隣住民との協力、全国教育協会の読書振興運動「リード・アクロス・アメリカ」や、全国郵便配達員連合の食品寄付運動「フード・ドライブ」への支援など、これまでに結んできたさまざまな協力関係が簡潔に紹介されている。サターンはまた、全社的にフィットネスを重視しており、その姿勢を反映して自転車競技チームのスポンサーとなっている。

ブランド全体にみなぎる人への思いやりと、強固な協力関係や精力的なスポンサー活動は、サターンの広告キャンペーンにも反映されている。サターンのテレビCMは、新型車やヒット商品よりも、自社の工場や地域社会の人々を前面に打ち出すのが典型的なパターンだ。全体論的な志向の強い女性たちは、車の購入意思の有無に関係なく、こうしたブランド知識をすべて取り入れ、将来の参考にしている。

オンラインで満足させ、女性の視野を広げる

高齢化が進み、ネット通の人々が増えるなか、オンライン・チャネルを通じて女性消費者に到達する機会は今後どんどん増えるだろう。ＩＴ通のY世代女性であれ、キャリア志向の強いX世代女性であれ、活動的な老後生活を送るシニア世代の女性であれ、オンラインを通じて女

性に到達する方法に目を向ける必要がある。彼女たちがそこにいることは、確実なのだから。

また、オンライン戦略を開発するときには、同じ女性でもリアルのときとは購買行動が異なる場合があることを忘れないように。その違いがＩＴに対する自信レベルによるものか、家庭の切り盛り役としてオンラインに向かうからか、原因はさまざまであるが、こうした違いを考慮して計画を練れば、効果的かつ長期的なつながりを生み出せるだろう。

第10章

eマーケティングのコツ

オンライン調査で女性のニーズを解明する

オンラインで調べ物や買い物をする女性は今後も増える一方である（何しろ若い女性たちはIT通だ）。インターネットは消費者としての女性を観察し、意見を聞くのに絶好の場だ。前にも述べたように、女性の視点を知りたければ、彼女たちがすでに時間を費やしている場所に出向くべきだ。その場所がネットである確率は、どんどん高まってきている。自己啓発サイトに集まったり、eメールで最近見つけたジーンズの話をしたり、旅行サイトをのぞいたり、アマゾンを何時間もぶらついたりしている。

実際に市場調査のための投票調査やアンケート調査を行わなくても、パターンを観察し、トレンドを見極め、自社製品や業界がどんな言葉で語られているか知る方法はたくさんある。こうしたヒントは、それだけで貴重な洞察を与えてくれるうえ、従来型調査はもちろん、オンライン調査に備えて、意見を聞くスキルを磨くのにも役立つだろう。

女性のブランド観は男性よりはるかに全体論的で、あらゆる要素（製品だけでなく、サイトが好きか、店に駐車場はあるか、顧客サービスは親切かなど）が盛り込まれている。つまり、「何もかもが重要」という姿勢で学び取らなければならない。そして、ターゲットの女性たちについて知ったすべてのことが、意見を聞くスキルの向上に役立つのだ。

まずは観察する

人気女性誌の内容やスタイルを知ることが通常の調査の出発点となるように、人気サイトのコンテンツやスタイルを知ることは、オンライン調査の第一歩だ。ニューヨークやロサンゼルスなど大都市の流行やイベントをスクープするデイリーキャンディー・ドットコム、ティクル・ドットコムのような娯楽情報サイト、ひたすら購買ニーズを満たすアマゾン……。いずれにせよ、そこには女性たちの関心を引きつけ、つなぎとめるヒントが溢れている。

事前の意見の聞き取りにネットを活用すると、調査の土台づくりがより深みのあるものになる。独自のオンライン調査をせずとも、受け身で観察するだけで、かなり綿密な情報や市場プロフィールが得られる。初めにこの準備をしておけば、調査プロセスの後段で時間と膨大な費用をかけて調整を加える必要がなくなってくるのだ。以下にオンライン調査の基本的な戦術を紹介しよう。

パターン観察：ネット上で女性が集まる場所をじっくり観察したとき、そこから何が浮かび上がってくるだろう。そこで何をしているのか。どんなツールを使っているのか。一番人気があるのはどのページか。盛り上がっているフィードバック・セクションはあるか。掲示板やチャット・コーナーを利用しているか、何について話しているのか。何に怒っているのか。話が盛り上がるのは何曜日で、どんな話題のときか。女性が集まるサイトの特徴は何か。ポップアップ広告やバナー広告は少なめか。何気ない観察からパターンを探ってみよう。

コンテンツ、色彩、設計の評価：ターゲット女性層がよく訪問するサイトの上位一〇カ所を観察し（自社と関係のない業界も含む）、他社が女性向けマーケティングについて知っていることを読み取る。

ターゲットになりそうな女性たちが最も共感し、重視するネット上の要素（製品選択、eコマース技術、コピーの文体など何でもよい）を特定すれば、顧客満足度を上げるためのヒントとなる。定量的なものではないかもしれないが、こうした事前認識を持つことは、オンラインのクイズやアンケート調査で女性顧客から直接「特ダネ情報」を得るための下準備となる。

女性の視点が見える「意見の集め方」

ネットの登場でアンケートや投票はずっと簡単になり、データの処理能力や活用能力も高度化されている。オンライン・マーケティング産業が成長し、オンライン調査への参加も簡単になったため、人々は以前より気安く調査に答え、意見を語ってくれるようになった。

最初に断っておくが、オンライン投票の調査手法はとても完璧とはいえない。匿名性が高いので消費者の参加率は高いものの、回答者が本当に「三二歳の二児の母」かどうかは知る由もない。また、面接調査や電話調査と違って、表情やしぐさ、間の取り方や歯切れのよさといった視覚面、音声面での重要なヒントも得られない。オンラインで集めた情報を評価する際には、こうした限界や変動的要素を考慮するしかない。

それでも、一般的にネットは匿名性が高いので、プロフィールや個人的な質問にもわりと安心して答えてもらえることが多く、本音の回答が引き出せる可能性も高い。また、深夜でもいつでも時間を問わず回答できるので、その点でも参加しやすくなっている。

クイズと投票

オンラインのクイズや投票形式の調査は、正式なアンケート調査と比べて気軽なトーンの場合が多く、どちらかというと幅広い消費者のライフスタイル情報を集めるのに向いている。女性たちも楽しみのために参加しているので、場合によってはインセンティブや賞品などなくても、参加意欲をかきたてることができる。むしろ重要なのは、質問に答えながら何らかの自己発見をしていると感じられるかどうかだ。

自己発見クイズは「誰かと分かち合いたい」「人と比べたい」という女心を刺激する。そのため、倍倍ゲームで参加者数が増え、いっそう多くの情報を得られる場合もある。クイズに答え、集計結果を見て自己発見をした女性たちは、友人たちにもこのことを伝え、参加を促したくなるのだ。

ティクル・ドットコムは、とりわけ優れた楽しい自己発見クイズを提供している。友人に伝え、互いの結果を比較できる魅力的なオプション機能もあり、クイズ回答者がこのサイトを繰り返し訪問する理由の一つとなっている。軽いクイズ（「あなたが夢中の芸能人は？」）から専門家のお墨つきのクイズ（「あなたのキャリア・パーソナリティは？」）に至るまで、自己発見を楽しくて満足度の高い娯楽に仕立てているのだ。どちらかというとX世代やY世代向けだが、クイズならではの意義と楽しさは、もっと年上の層にも味わえる（筆者らも、自分の性格と飼い犬の性格が合っていることがわかり、大いに楽しんだ)。

リアルエイジ・ドットコムの自己診断テストも、とりわけ自分の健康に強い関心を持つ女性にとっては大きな値打ちがある(筆者らもかなりの魅力を感じている)。特許を受けた無料の個別診断テストでは、日頃の健康維持やライフスタイルに基づいて、自分の「本当の年齢」、つまり身体の生物学的年齢を知ることができる。さらに、年齢を引き下げている点(日頃の正しい行い)を指摘し、もっと下げるためのアドバイスもしてくれる(ライフスタイルの正しい変え方、食生活改善のための個人別栄養分析を含めた、若返るための三カ月間の個別行動計画)。

このテストに参加することには、健康への意識と知識が増すというメリットがある。そのうえ、実年齢は五〇歳なのに、生物学的年齢は四二歳だとわかれば、自信が湧くに違いない。

リアルエイジのテストが回答意欲をそそるのは、テスト後に懇切丁寧な報告やアドバイスが受けられるからだけではない。テストはかなり長いものだが、回答している間ずっと、年齢が上がり下がりして、目の前で再計算されるのだ。たとえば、「過去一年間に引っ越しをした」という項目にチェックすると、次の質問画面に進む前に、「本当の年齢」が数年引き上げられてしまう。ほとんどゲーム感覚なのだ。

オンライン・クイズやリアルエイジのような完全なアンケート調査の対極にあるのが、投票形式の調査だ。一、二問の簡単な調査で、通常はその場で自動的に再集計結果が出るため、いかにもブランドがそこで耳を傾けているという感じがする。自分と他人の答えを比べるのも楽しい。単なるイエス・ノー形式ではないにしても、投票調査の質問は単刀直入だ。それでいて、参加者には娯楽的価値を、ブランドにはデータを提供している。

スタートサンプリング・ドットコム（九八年にシカゴ郊外で設立されたマーケティングとプロモーションの専門会社）の週替わりの投票調査を見れば、この手の調査の効用がわかる。筆者らが参加したときの質問は、「最近、オーブンで焼いたものは何？」で、その時点では「クッキー」という回答が一番多かった。ほかにすごい発見があったかというと、何もない。自分と他人を比べるという奇妙で些細な楽しみを味わえただけだ。そう、この調査は実は、同サイトが訪問者の一般的なプロフィール情報を集めるための一手法なのだ。

フィードバックとプロモーション

フィードバックとは、求めずに得られる貴重な知識のことだ。そこには二重の価値がある。それは、①自分からわざわざ意見を言ってくれる顧客から直接、洞察を得られることと、②顧客が意見を出す手段を与えられたことに大いに感謝してくれることだ。

二点目に関しては、企業が顧客からのインプットを真剣に検討する姿勢をはっきり示せば、なおのこと感謝されるだろう。通常、フィードバックを生み出すインセンティブはないが、たいていの人、特に女性は好意的な意見も否定的な意見も喜んで聞かせてくれる。そして、最終的にそれらはすべて、将来のブランドの成長に役立つのだ。

サンプル配布や懸賞は、参加者に価値をもたらすだけでなく、文字どおり「ご褒美」を与えることで、顧客とブランドの心が通じるきっかけとなる。スタートサンプリング・ドットコムは、ブランドと消費者の間を取り持つことで、大手オンライン・サンプル配布会社としての評価を確立してきた。子供向け栄養飲料の粉末「ネスクイック・ベリー・バニラ」、コーヒーの「フォルジャーズ」、資産家向けの雑誌『ウォース』など、さまざまな商品見本を提供する同社は、自社サービスを「あなたの〝声〟をメーカーに伝える経路」と表現し、メンバーから率直な意見を募っている。

スタートサンプリングによると、ターゲット消費者を効率的に狙えるのは、買い物客やメンバーから登録時に人口統計データを入手し、相手によって画面上で紹介する企画を変えているからだという。さらに、人口統計データや地理的データを利用してターゲットを絞り込み、特定の時間帯に画面上で数量限定のサンプルを紹介している。サンプルは先着順で配布されるが、いずれも数に限りがあるため、人々は常にサイトをチェックし続ける。「ただなら何でも欲しい」という心理が働き、どんな製品でも最初の一〇〇〇人に入ろうとするのだ。

同社が用いた戦術のなかで最も成功しているのが、新メンバー紹介キャンペーンだ。航空会社のように顧客にマイレージを与えて、既存メンバーの好意とサイトでの対話を促している。たとえば、あと数人紹介すれば賞品をもらうのに必要なポイントが貯まるという場合、その人はせっせと紹介してくれる。引き換え賞品のなかで一番人気が高かったのは、ベル&ハウエルの三五ミリカメラと、ホーム・デポの本『住宅リフォーム1-2-3』だった。

キャンペーンは、何よりもまず新メンバーの興味をそそる。そして賞品を与えることで、顧客のフィードバックに本当に感謝しているという姿勢を伝えている。女性向けマーケティングの最良の実施事例と言えるだろう。

eメール・アドバイザリー・ボード

自社製品に関心を持つ消費者のデータベースを持っている企業は、会話を継続し、前向きな絆を保つことで計り知れないメリットを得られる。eメールを通じたアドバイザリー・ボードを構築するには、調査に参加した女性消費者のなかから目ぼしい人をピックアップしてもよいし、自社サイトに積極的に意見を書き込んでいる女性を招いてもよい。集め方はともかく、洞察に満ちたこの「天使たち」は、オンラインのアドバイザリー・ボードとして豊かな情報をもたらしてくれるだろう。

多くの顧客は、正規の「消費者アドバイザー」になることに意義を感じ、企業が自分の意見に興味を持っていると知って大いに喜ぶ。彼女たちにとっては、情報通の気分を味わえるのも嬉しいことで、それが自分の好きなブランドとなれば、なおさらである。フォーカス・グループ・インタビューの参加者には謝礼を支払ったかもしれないが、積極的にフィードバックをもたらしてくれる女性は、それ以上の報酬がなくてもブランドと関係を持ち続けてくれる場合が多い。彼女たちは意見を聞いてもらうのが好きなのだ。

マリー・ルー・クインラン率いるマーケティング・コンサルタント会社、ジャスト・アスク・ア・ウーマンは、「ジャスト・アスク・ア・ウーマン集団」なる強力なeメール調査網を始動した。このネットワークは有機的に発展してきたものだ。女性たちはクインランがトークショー形式で進めるディスカッションや個人面接の過程でクインラン本人と会い、自分は彼女に評価されていると感じ、それを励みにオンラインでの会話を続けてくれる。参加し続けてくれる人々を大切にするため、名簿は決して外部に売らず、参加者にはいつでもネットワークを脱退できることを伝えている。

フォーカス・グループ・インタビューや街頭調査、電話調査などを実施して顧客の生の声を聞く企業は多いが、個々の顧客とのつながりはそれきりになってしまうことがほとんどだ。顧客の声を聞くプロセスは、一回限りでなく継続的なものでなければならない。女性をマーケティングに巻き込んで洞察を得れば、その女性は自分をマーケティング・チームの一員のように感じ、その後も自然とそのブランドを意識し続けてくれる。そんな貴重な資源を埋もれたままにしておくのは、怠慢というものだ。ぜひ公式、非公式を問わず消費者アドバイザリー・ボードを構築し、育んでほしい。

アンケート調査

いわゆるアンケート調査は、通常、顧客の全般的なライフスタイルよりも、特定の製品・ブランドに対する意見を集めるのが目的だが、女性消費者の回答を得るのはなかなか難しい。何しろ、クイズや日帰りスパで開かれるフォーカス・グループ・インタビューと違って、面白みに欠けるのだ。アンケート調査に答えても何の得にもならず、楽しくもないことは誰でも知っている。以前からのつながりや参加報酬でもなければ、参加させるのは至難の業だ。

とはいえ、サーベイモンキー・ドットコムやズーメラン・ドットコムといったオンライン調査会社は強力なソフトウェアを提供し、マーケターに質問の組み方や調査を短くまとめる方法を教えることで、大小企業や非営利団体のアンケート調査のレベルを高めてきた。こうした調査会社のサービスを利用すると、重要性の低い質問群の回答から特定の質問への答えを導き出したり、カスタマイズされたスキップ・ロジックで調査を短くしたり、回答選択肢をよりランダムにして調査バイアスを少なくしたりすることが可能だ。調査画面の色合いやレイアウトも簡単にカスタマイズできる。サーベイモンキーやズーメランのオンライン調査ツールがもたらす結果速報や分析は、企業が顧客の本当の期待やニーズを見極めるのに役立っている。

一般人の意見

Eピニオン・ドットコムやアマゾンといったサイトでは、一般人の意見を見ることができる。企業と関係のない人や営利目的でない人の意見は、特に女性には千金の値を持つ。たとえば、中古車を買うときの事前調査では、目当てのメーカーや車種の車を持つ友人たちに片っ端から意見を聞くものだが、Eピニオンを利用すれば、より幅広い層から意見を収集できる。たとえば、スバルの二〇〇〇年型「アウトバック・ワゴン」を考えている場合、Eピニオンのサイトに行けば、この車の所有経験者たちのこんなコメントを読むことができる。

「アウトバックは車高がちょうどいい。ほかのワゴン車のように床に寝そべっている感じはしないし、かといって乗り込むときに飛び上がってハンドルにつかまる必要もない」

アマゾンでも読者が書評を書き、購入検討者にアドバイスできるようにしている（匿名も可能なので、全般的に書き込む側の自制が求められる）。また、書評を書いた「レビュアー」はその本の「おすすめ度」を示し、希望すればプロフィールも公開できるので、購入検討者が各レビュアーの詳細を知ることもできる。

Eピニオンやアマゾンのようなサイトは、「私の意見はこうだけれど、あなたは?」という、閲覧者同士の意見交換を奨励したり可能にすることで、女性の共感するコミュニティ意識を育んでいる。安心して率直な意見を述べられる何かがそこにはあるのだ。

オンライン調査ですべきこと、してはならないこと

女性に「意見を出し続けたい」と思わせるためには、自分の参加が何かの役に立ったと感じさせることが必要だ。女性の信頼を獲得し、時間を割いてアンケートやクイズに答えてくれたことに敬意を示すためにも、価値ある意見への感謝を頻繁に示す必要がある。最後に、オンライン調査ですべきこと、してはならないことをまとめておこう。

【すべきこと】

・会話調で楽しく質問する。
・できれば自己発見風や娯楽風にまとめる。
・手軽にサインインし、回答を始められるようにする。
・回答を得るためのインセンティブを把握する。
・回答者に感謝を示す。

・回答者の時間を大切にする。途中でも回答をやめられるようにする。
・初めての調査ややりとりは簡潔にする（より詳しいプロフィールは、あとで回答者の信頼を得てから収集する）。
・eメール・アドレスは当初に明示した目的だけに用いる。

【してはならないこと】

・最初から個人情報を求めすぎる、あるいはまったく必要のない個人情報を求める（たとえば電話番号など）。
・堅苦しい口調や事務的な冷たい調子で質問する。
・eメール・アドレスを手に入れた途端、しつこく迷惑メールを送る。
・アンケートやクイズをだらだらと長くする。
・善意を乱用し、頻繁にフィードバックを求めすぎる。
・場違いな、あるいは価値のないインセンティブを提供する。

透明な視点で見ることが大切

オンラインでの女性のパターンを観察し、彼女たちが集う場所を知った企業は、女性への先入観を打ち破り、新たなマーケティング・アプローチに目を向けるようになる。

自社市場の女性たちがリアルエイジのサイトに押し寄せているとわかれば、彼女たちの悩みや価値観を知るヒントとなるだろう。また、自動車メーカーの場合、女性たちがEピニオンで特定の車にひときわ熱心なコメント（否定的にせよ肯定的にせよ）を寄せているのに気づけば、それを製品開発に役立てられるはずだ。

リアルの場で情報を集めたければ、町に出て観察し、耳を傾ければよい。オンラインも同様で、いろいろなサイトを実際に回ってみることをお勧めする。自己発見クイズの結果の交換であれ、アマゾンの書評の書き込みであれ、何らかの目的を持つアンケート調査への回答であれ、製品開発やマーケティング戦略開発の方向性を示すヒントが見つかることだろう。

女性にとっては「何もかもが大切」だから、彼女たちに到達するための方法についても、すべての可能性を考え尽くす必要がある。投票やクイズ、アンケートへの回答やそこでのやりとりも含めて、オンライン行動がマーケターにとって「大切な何か」であることは間違いない。

マーケティングの視点がクリアであればあるほど、女性の見ているものがよく見えてくる。オンライン調査はマーケターの視点を、そして女性消費者の関心や動機への認識を、クリアで澄んだ状態に保つのに役立つだろう。

第11章

パートナーとして囲い込む

女性顧客に協力を仰ぎ、同盟を組む

女性は、購入する製品・サービスのブランドの問題解決を促す素晴らしい能力を持っている。マーケターが的確に質問すれば、必ず有意義な情報が返ってくる。たとえば、「製品デザインのここさえ直してくれれば、店ごと買い占めるのに」とか「このマーケティング・アプローチはすごく不快だ」といった声が聞けるわけだ。

本章では、製品開発とマーケティングに女性をもっと早く、十分に巻き込む方法を紹介し、女性とリアルタイムで接触し続けることの効能を示す。購買行動を観察するだけでも深い洞察を得られるが、直接頼めば喜んでもっと協力してくれる。だから、頼まない手はないのだ。

本当の声を引き出す方法

話を単純にするために、本書ではこれまで「女性向けマーケティング」のアイデアを述べてきた。しかし、女性の購買行動に対する認識が高まってくれれば、いずれは女性「向け」ではなく、女性「との」マーケティングへとパラダイム・シフトが起こることは間違いない。もはや過去のマーケティング実績にあぐらをかき、先入観やステレオタイプで決めつけるわけにはいかない。女性との共同作業を始めれば、彼女たちが本当に欲しいものや、その正しい提供の仕方も、もっと発見しやすくなるだろう。

さまざまな役割、ライフステージ、人生の過渡期の影響を受け、女性のニーズや視点は常に進化している。当てずっぽうに推測しようとしても、どだい無理だ。女性をマーケティング調査に招き入れ、価値観や嗜好を教えてもらうのが最も近道なのである。

調べ、聞き、学習する

女性たちが自社製品や自社業界について話していることを、マーケティングの「耳」で聞く前にすべきことがある。まず自分たちの思い込みを自覚し、それから、今後学ぶべきことを検討するということだ。本章の最後に紹介する二〇の質問リストを指針にしてもよい。より魅力的で的を射たコミュニケーションを実現するための参考になるだろうし、今後の意見の聞き取りはもちろん、製品開発、マーケティングの立派な土台にもなるだろう。

目標は、製品、パッケージ、マーケティングの開発に女性をもっと早く、十分に巻き込むことだ。女性顧客の求めるものを早く正確に知るには、本人に尋ね、その答えに注意深く耳を傾け、女性の目を通して自社ブランドを見るのが一番だ。そうした感覚がつかめれば、製品やマーケティング・キャンペーン、広告メッセージに活かすことができる。

長年企業の世界に身を置き、フォーカス・グループ・インタビューばかりやっていた人にとって、それは難問かもしれない。だがここは一つ、女性に耳を傾け、意見を引き出す新たな手法を試してみてほしい。その際、検討すべき手法をいくつか紹介する。

座談会：女性にコミュニケーションの仕方を変えるよう頼むのではなく、自分たちの聞き方を変えよう。日帰りスパや書店のようなくだけた場所に女性を集めれば、親密さが増し、より会話型の聞き方ができる。筆者の経験から言って、こうしたリラックスした環境では会話がスムーズに流れ、更年期医療に関する決断から有利な老後の収入計画まで、あらゆる話題で素晴らしい洞察が生まれるようだ。

トークショー形式のディスカッション：ジャスト・アスク・ア・ウーマンのマリー・ルー・クインランは、大企業に代わって女性たちの声に耳を傾けている。ディスカッションでは、「聴衆は全員女性」のルールを徹底し、約二五人の参加者にできるだけ突っ込んだ意見の交換を促している。マジックミラーの使用も、隠れて話を聞くことも許されない。話の内容はあとで分析するために録音される。女性はこんな風に輪の中に入れられ、いろいろと尋ねられるのが好きなので、活発で楽しく赤裸々な意見や会話が交わされる。

既存のネットワークの活用：もっと草の根的な手法として、読書クラブやウォーキング・グループ、夕食会、投資クラブなど既存の女性グループの集いを活用する方法が効果的な場合もある。長年の絆で結ばれた既存のグループは、どちらかというと個人的な話題のときに役立つことが多い。ただし、こうした親密なネットワークは、ある種の金融関連の話題には向かないこともある。こと金銭の問題となると、友人たちの前でもプライバシーを守りたがるからだ（むしろ赤の他人とのほうが話しやすい）。

バーチャルに聞く：女性顧客の意見を聞き、嗜好を知るためのオンライン機能は目覚ましく高度化している。ネットはアンケート調査を行い、心を通じ合わせるのに申し分のない手段である。プライバシーの守られた自宅でくつろぎながら、意見や（本人が望めば）個人情報を打ち明けることのできる私的な手段だからだ。

バーチャルな意見収集の一番の好例は、自己発見クイズのサイト、ティクル・ドットコムだ。同サイトのメンバー数は数千万人に達し、そのうち約七〇%が女性である。クイズは「犬に例えればあなたはどの犬種?」「どのテレビ番組が好き?」といったたあいのないものだが、友人を巻き込みながら自己発見を重ねるという楽しい双方向体験に引き込まれていく。こうしたクイズはクチコミ要素が大きいうえ、何度もサイトに訪れるので、メンバー数は増える一方である。

ティクルでは、会員たちが自己発見をして楽しむ一方、ユニリーバ、コカ・コーラ、ファイザー、フォルクスワーゲンといったスポンサー企業が、入ってくるデータから重要な顧客情報(集計結果のみで個人情報ではない)を集めている。実際、ティクルのデータベースには何十億という回答が蓄積されており、スポンサー企業はティクルの集めた人物プロフィールと集計結果を通して、消費者理解への一歩を踏み出すことができる。

インサイダーに聞く:インサイダーとは、顧客について眼識を持つ業界内部の人々のことだ。今すぐ電話をかけてインタビューしよう。もっと多くの情報を得たければ、見本市会場にエキスパートを集め、特定の市場セグメントをテーマにパネル・ディスカッションをしてもらう手もある。ただし、インタビューの依頼や招待方法、報酬、インタビュー形式などは、各エキスパートのニーズや好みに合わせて工夫すること。自動車会社の幹部たちと、ファッション・ジャーナリストの集まりとでは、くつろいで話せる環境に大きな違いがあるはずだ。

社内での意見の聞き取り：社内の顧客サービス担当者は豊富な情報を持っている。そうした人々の洞察にもきちんと目を向けよう。なかには会社の方針にそぐわない発言もあるだろうから、密告はしないので安心して話しても大丈夫だと、念を押す必要がある。同様に、社内でインタビューやグループ討論を行う際は外部の調査会社に実施を任せるとよい。社員が安心して話せるからだ。

フィードバックの見直し：既存顧客の苦情の手紙やｅメール、返品記録は、コミュニケーション力を高める貴重な情報源だ。こうしたフィードバックは、第三者の視点で目を通すこと。くれぐれも、返品された商品を棚に戻す担当者の不満げな視点で読まないように。そうすれば、顧客にも一理あることがわかるだろう。

データの見直し：ほとんどの場合、ターゲット女性のデータのありかはわかっているはずだが、実際にちゃんと読んでいるだろうか。こうしたデータを、前述のような意見の聞き取り手法と組み合わせて定期的に見直せば、女性市場の特徴をもっと明確にできるだろう。

産業横断的な調査：女性の消費行動は、生活上のほかの関心事と見事に結びついている。この点を探るには、ほかの業界に目を転じ、女性が何に反応しているかを観察するのが一番手っ取り早い。たとえば金融業なら、日帰りスパやタイヤ小売店レス・シュワブなど、サービス事業の運営方法から、女性の購買心理へのヒントをはじめ、自社業界に応用できる情報を学び取れる。

女性の会話にうまく参加するには

女性は、特に何人か集まって会話をすると大きな力を発揮し、問題解決はもちろん、より直感的で的を射た製品設計、共感を呼ぶ広告メッセージづくりなどを、普段のユーモアと常識で助けてくれる。そのうえ、自分が製品開発に積極的な役割を果たしていると感じた女性たちは、新製品が発売されるとすかさず購入し、他の人々の購入も促してくれる。では、女性の会話に参加するうえでのアドバイスをいくつか挙げよう。

物語を促す：筆者の一人（リサ）は大学時代、ボーイフレンドから「その日あったことを話すときは、最初に要点を、次に重要なことから順に論理的に述べてくれ」と言われた。そうすれば、続きを聞くべきかどうか判断できるから、というのが彼の言い分だった。そんな体験を紹介したのには訳がある。女性は物語式に話をするのだ。

企業が知りたい重要な情報もまた、物語式に語られる。話を要約したり、要点だけ並べるよう求めるべきではないのだ。むしろマーケター側の聞く耳を鍛え、制約なく語られた物語に潜む豊かな情報や洞察を引き出さなければならない。話を遮ったり、まとめたくなったりしても、じっと我慢すること（自分の勝手な仮説を押しつけることになってしまう）。真の洞察を得たいなら、女性に発言の機会を与え、核心に触れるのを待たなくてはならないのだ。

五感を駆使して聞く：話の内容だけでなく、場の盛り上がりにも注意しよう。女性たちが急に賑やかになったら、それは重要なテーマや問題に差しかかった証拠である。先を争って、あるいは笑いながらしゃべり始めるとき、彼女たちは「まさに私のことだ」と実感している。「私も子供に対してはそうだった」「私もそういう経済状態だ」と思っているのだ。会話が熱気を帯びたときには、ブランド・メッセージの真髄となるような代表的な物語がしばしば聞かれるものだ。

会話を促す環境づくり：たいていの調査手法では、自然に語り合うことがなかなかできない。だが、楽しく的を射た環境を与えれば、まるで嘘のように女性たちの本音を聞くことができる。たとえば、松下電器産業はフォーカス・グループ・インタビューの参加者を美容学校に招き、「パナソニック・パンテーン・ウルトラ・アイオニック・ヘアドライヤー」の商品テストを行った。参加者は各自、研修中のプロの美容師に髪をシャンプーしてもらったあと、この新型ドライヤーを与えられ、指定された鏡の前の椅子に座るのである。そして、パナソニックのブランド・マネジャーたちは、女性たちがドライヤーを試す様子をじっくりと観察、参加者と対話しながらリアルタイムのフィードバックと洞察を集めた。

女性の全体像を見る：女性は多くの場合、製品・サービスを解決策や改善策の一部として生活に取り入れようとする。購入の動機や意思決定に影響する要因がわかれば、自社ブランドのポジショニングのあり方にもっと深い洞察を加えられるだろう。

たとえば、豆乳は発売当初、牛乳の代用品にすぎなかった（アレルゲンの一つであるラクトースを含まないので）。その後、更年期障害に悩まされる女性の間で、豆乳人気が高まった。一方、シリアルにかけたりコーヒーに入れたりすると甘いバニラの風味が引き立つため、バニラ豆乳が人々に好まれるようになった。これに気づいた一部の牛乳メーカーがバニラ風味の牛乳を開発したほどである。

ことほどさように、自社製品が買われる理由は一つではない。健康状態、香り、色、あるいはパッケージのサイズによってさえ、状況が一変することがある。本当の理由を残らず把握すれば、購入の意思決定に影響を及ぼす要因も、より多く把握することができる。

優秀な聞き手を送り込む：調査や意見の聞き取りを行う際は、市場を理解して楽しみ、ブランドの目的をきちんと把握している人物を聞き手として送り込もう。そうでないと、意見の聞き取り役を、ブランドの本当の利益など意に介さない部外者に丸投げすることになりかねない。企業が女性から受け取るフィードバックの質は、発言内容もさることながら、聞き手の質問内容にも大きく左右されることをお忘れなく。

女性の会話に参加し、そこから学んだことが最も活かされるのは、企業がストリームライン型の社内通信システム（イントラネットとeメール）を用いて、女性からのフィードバックを組織全体にリアルタイムで提供し続けたときだろう。

二〇の質問リスト

製品やマーケティング戦略の開発に最初から女性を関与させるだけでも、女性消費者の意見を大切にするという姿勢を示したことになる。そのうちに、何が効果的で何が効果的でないか、なぜあるデザインは受け入れられず、あるコピーは共感を呼ぶのかといったことについて、さまざまな助言を得られるようになる。

グループ討論であれ、一対一の面接であれ、オンラインであれ、女性は説得するまでもなく、内面的なことまで気前よく話してくれる。じっくりと耳を傾ければ、問題解決に役立つだけでなく、これまで気づかなかった問題点を浮き彫りにできるかもしれない。

女性にとっての問題は、単純に「これか、あれか」では片づかない場合が多い。それなら、少々調査の羽目を外し、仮説など放り出して好きなように話をさせてみよう。こうして得た知識は千金に値するはずだ。

最後に、以下の二〇の質問は、女性顧客の購買心理を明らかにするとともに、企業としての方向性を示唆してくれる。ただし、これらの質問は手元に持っておくべきものであり、決して直接顧客にぶつけないこと。女性消費者を動機づける力を解明するためには、調査を行ったうえで、自分たちで答えを考える必要がある。いくつかの質問に答えるだけでもかなりセンサーは鋭くなるだろうが、すべての質問に答えることができれば、もっと強力な企業、そしてブランドに高めることができるはずだ。

①女性が自社製品を使用する動機は何か。これらの動機を利用して売上げを伸ばすにはどうすればよいのか。女性自身は自社製品の購入理由をどう説明しているのか。
②女性が競合製品から自社製品に切り替える理由は何か。他社製品を利用していた場合、最初に自社製品ではなくそちらを選んだのはなぜか。
③自社製品がこれまで女性に拒否されてきた理由は何か。それらの再発を防ぐにはどうすればよいのか。
④女性顧客を動機づける根源的なニーズや欲求のうち、どれに訴えることができるのか。潜在的な欲求（ステータス、仕事のできるイメージ、楽しみ、贅沢、変化のため／不安による変

化願望など当人が認めたがらないもの）は、どの程度の重要性を持つか。

⑤女性の潜在意識に自社製品への否定的反応が見られるか。その反応を潜在意識レベルで解消するにはどうすればよいか。

⑥自社の広告、パンフレット、セールス・プレゼンテーション、デモンストレーション、展示、イベント、顧客サービス形式には、女性から否定的反応を引き出すようなメッセージが潜んでいるか。それはどうすれば変えられるか。

⑦自社製品に対する見方を変えてもらえるような、説得力のあるメッセージがある場合、それをどのように紹介するべきか（誰が、どんなチャネルを通じて）。

⑧競合製品の優位性を崩し、ルールを書き換え、優先順位を上げ、意思決定の基準を変え、競争関係を一変させ、自社製品を女性が思いつく唯一の製品にするには、どうすればよいか。

⑨製品分野全般に対する一見些細な不満を、自社ブランドの最大の利点に変えるには、どうすればよいか。

⑩どんな製品変更なら比較的低コストで簡単に実施でき、しかも顧客にきわめて高い価値をもたらすことができるか。平凡な製品をどう強化すれば、ヒット商品に変えられるか。

⑪既存のマーケティング素材では触れていないもので、女性顧客が聞けば喜ぶような優位性、

特徴、利便性、企業情報はあるか。
⑫女性顧客は何に興味や情熱を抱いているのか。どんな主張、言葉遣い、コンセプト、イメージ、挑戦が前向きな感情をかきたてるのか。
⑬どんな根本的信条、価値観、姿勢、感情が、顧客や見込み顧客を自社製品に導くのか。
⑭顧客や見込み顧客が尋ねることを避けている、あるいは恐れている質問は何か。こうした質問を取り上げずに、納得のいく答えを提供するには、どうすればよいか。
⑮女性顧客はどのような期待を内に秘めているのか。その期待を自社が今後、実際に提供するものと近づけるには、どうすればよいのか。
⑯競合他社の行動のうち、見倣うべき、あるいは対抗手段を取るべき最も効果的な行動はどれか。競合他社の弱みは何か。
⑰大規模な広告キャンペーンを行わずに自社製品への否定的な見方を変えるにはどうすればよいか。クチコミの影響力を手に入れるにはどうすればよいか。
⑱クチコミは、新たな見込み顧客の意思決定にどのような好影響・悪影響を及ぼしているか。女性同士で自社製品について話すとき、どのような言葉が使われているか。また、彼女たちはどの特徴や御利益を強調しているか。
⑲顧客満足を高めるための具体的な措置は何か。女性顧客が求めるとらえがたい微妙なもの

は何か。女性にとって本当に意味のあるサービス、応答時間、品質の改善点はあるか。
⑳販売担当者自身、本当に自社製品に惚れ込んでいるか。女性の見込み顧客は販売担当者の熱意不足に感づいているか。

おわりに

巨大な女性市場で成功を収めるには、購買行動の徹底的な理解、洞察に満ちた斬新なセグメンテーション、そしてマーケティング・パートナーとしての女性の協力を土台に、「透明なアプローチ」を実施することが必要だ。そうすればマーケターは新たな視点を手に入れ、自社のビジネスや業界でうまみのある新たな機会を見出せるようになる。そして、短期的な成功を収めるだけでなく、長期的にも業界をリードする立場を獲得できるだろう。

まだ地図のない領域かもしれないが、臆せず前に進もう。女性市場はいつもそこにあり、その経済的影響力は伸びる一方だ。今ならば、理解しようという努力を始めるだけでも、女性顧客重視の姿勢を世間に示すことになる。それは大きな第一歩だ。製品・サービス、顧客体験を改善すれば、最も重要な顧客（女性はほとんどの業界で購買層の過半数を占めている）を引きつけるだけでなく、多くの場合、男性顧客の期待も上回ることになる。

もちろん、着手するには時間もヒトもカネも手間も要るが、それだけの価値をおおいに秘めていることは間違いない。具体的には何に投資すべきか、最後にまとめておこう。

女性顧客との長期的な関係に投資する：女性の生活を改善し、もっと的を射た形で女性に役立てるよう、長期にわたって全力を尽くそう。せっかく始めた女性市場への取り組みを、尻すぼみにしないこと。新しい大きなアイデアを一つ実施すれば終わりではない。むしろ、もっとささやかで持続的な製品・サービスの改善をいくつも重ねることが成功をもたらすのだ。

変革とイノベーションに投資する：女性に届く優れたアイデアはほとんど開発されていない。そしてアイデアを市場で実現するには、社員と企業が新しいアイデアを受け入れ、社内変革に全力で取り組む必要がある。企業を（あるいはたった数人のチームでも）方向転換させるには、多くのエネルギーと献身的努力が必要だ。自信と創意工夫をもって新天地を切り開くには、それ以上のものが必要だろう。女性という世界最大のセグメントを顧客化し、ロイヤルティを持たせるには、多くの変革が必要となる。業界リーダーの地位を獲得するには、さらに多くの変革が必要となる。つまり、組織が自ら変わろうとすることが不可欠なのだ。

女性顧客をターゲットとしたマーケティング・プログラムに投資する：これまで多くの企業は、意気込みを口にするばかりで、女性の心をつかむのに必要な予算をかけてこなかった。女性を引き込むコミュニケーションを実現するには、人材、正確な情報、女性たちからの最新のインプット、それに企業のマーケティング努力の変革が必要だが、すべてお金がかかるのだ。

有能な人材に投資する：女性主導のマーケティング・チームを設置しても、誰もが参加に適していないわけではない。だから男女を問わず、社内きっての洞察と消費者知識を持ち、頭がやわらかく戦略的な人々、女性顧客を心から愛し、尊重し、楽しめる人々を集めよう。

意見を聞き、理解するプロセスに投資する：時代遅れでたいがいは事実に反するステレオタイプを軸に、マーケティングや製品開発をしている企業がかなりある。マーケターは何よりもまず女性の声を聞き、マーケティング・プロセスにより早く、より深く関らせるよう努めなければいけない。女性なら誰でも教えてくれたはずのたった一つの問題点が、売上げを台なしにすることもありうる。いざ売る段になって気づいても、あとの祭りなのだ。

調査に投資する：「自分たちは何を知っているつもりか」「自分たちは何を知る必要があるのか」を自問しよう。自社の女性顧客について一般的にわかっていることを、時間と費用をかけて見極める必要がある。あとは、彼女たち自身の口から個人的な逸話や細々した事実が飛び出して、女性市場の調査と理解の幅を広げてくれるだろう。

顧客体験の改善と統合に投資する：ひときわ優れた顧客体験は全体的な満足度を高め、結果としてリピート購入やクチコミが促される。企業が女性のニーズを満たし、時間を節約し、生活を改善するような顧客体験を一貫して提供すれば、女性はますます感銘を受け、ロイヤルティを持ってくれるだろう。

この空前の機会に、いろいろな企業が気づき始めている。今後一〇年間に、あらゆる業界で先駆的企業が頭角を現し始めるだろう。本気で努力する企業は、当座のちょっとした成功にとどまらず、透明なアプローチを受け入れて、組織全体を抜本的に変える。IT、医療、自動車、スポーツ用品、消費財などの業界で先頭ランナーが成功を収め、それを見た大企業が慌てて予算を組み、女性の嗜好や購買行動を読み解こうとするだろう。

透明なアプローチでは、個々のマーケティング・プログラムよりも、組織全体に波及する変化を引き起こすことが重要だ。先頭ランナーたちはこの点で、「様子見」企業に果てしなく差をつけている。行動を起こすなら、今しかない！

二〇〇四年六月

リサ・ジョンソン
アンドレア・ラーニド

訳者あとがき

この本を読まれる方に、ぜひ心に留めていただきたいことがある。それは、ここに書かれているアメリカの女性消費者の姿は、明日の日本の女性消費者の姿だということ——いや、明日どころか、たぶんそれはすでに日本の現状となりつつあるということだ。

世代の形成や市場の文化的多様性に差はあっても、社会・経済における女性の影響力が増している点に変わりはない。消費支出の大半を女性が担う点も同じだ。

あまり景気がぱっとしない昨今の日本だが、女性たちは淡々と消費し続けている。化粧品やブランド物の服だけでなく、家やクルマ、旅行、ＩＴ製品や金融商品まで、あらゆる商品ジャンルで経済力と影響力を発揮し始めている。マーケティング関係者はそれにどう対応するのか。日本のマーケターの男女比率を考えた時、女性のほうが男性より多いということは、おそらくないだろう。そして、男性マーケターのほうが女性の購買心理を正確に読めるということも、なさそうだ。そこに、この本の価値がある。

この本を訳し終えた直後、奇しくも女友達の間でマキタの工具が話題になった。本書でも紹介されている「インパクトドライバ」がすごいというのだ。日本でもテレビのリフォーム番組が人気だが、女性たちは憧れて見ているだけではない。実際にいるのである。電動工具を使いこなす大工顔負けの女性たちが、日本にも。

また本書には、インターネットを駆使して忙しい日常を乗り切るアメリカの主婦の姿が描かれているが、今や日本の主婦にも携帯電話やネットは欠かせなくなりつつある。メールで連絡は当たり前。買い物はネット通販かオークション。ブログや自分のホームページで情報発信し、BBSで意見交換する主婦たちもいる。

こうした行動力と情報力にあふれる女性たちは、確実にその他の日本女性たちを啓蒙し、お手本となっている。日本の女性消費者がアメリカ女性並みにエンパワーされるのに必要な、オピニオン・リーダーも情報環境も揃いつつある。

本書には、それが現実となったときに役立つ具体的な戦略やアドバイスが豊富に紹介されている。マーケティング戦略における「透明なアプローチ」には、はっとさせられる点も多いだろう。またネットを通じた女性の効果的なネットワーキングや、ユニークな定性調査手法は、すぐにでも活用できそうだ。

日本でも一九九〇年代以降、女性消費者のネットワーキングやネット調査の試みが見られるが、二〇〇〇年代半ばの今も、それが主流となっているとは言えない。むしろ、まだ「一〇代の男の子みたいに、女性に話しかけるきっかけをつかめずにいる」企業も多いのではないか。

真の女性理解に基づく女性マーケティングは、結果的に男性も含めた市場拡大のカギとなると、本書は訴える。あくまでも女性の現実に即し、心に響く製品・サービスを提供するために、してはならないことと、するべきこと――本書でそれを体得し、女性にとどまらず市場全体を活性化する企業がどんどん現れることを、心から期待する。

本書の翻訳に当たっては、ダイヤモンド社の前澤ひろみ氏にたいへんお世話になった。また、作業中は家族や友人に常に支えられた。心から感謝しています。

二〇〇五年七月

飯岡美紀

参考文献

- Martha Barletta, *Marketing to Women*, Dearborn Trade Publishing, 2003.（邦訳：マーサ・バレッタ著、市橋和彦、増野みち子訳『男の常識をくつがえす新マーケティング』宣伝会議、2003年）
- Faith Popcorn, Lys Marigold, *EVEolution*, Hyperion, 2000.（邦訳：フェイス・ポップコーン、リース・マリゴールド著、野中邦子訳『彼女が買うわけ、会社が伸びるわけ』早川書房、2002年）
- Helen Fisher, *The First Sex*, Ballantine, 1999.（邦訳：ヘレン・フィッシャー著、吉田利子訳『女の直感が男社会を覆す（上）（下）』草思社、2000年）
- Paco Underhill, *Why We Buy : The Science of Shopping*, Touchstone, 1999.（邦訳：パコ・アンダーヒル著、鈴木主税訳『なぜこの店で買ってしまうのか』早川書房、2001年）
- Deborah Tannen, *You Just Don't Understand : Women and Men in Conversation*, Morrow Publishing, 1990.（邦訳：デボラ・タネン著、田丸美寿々、金子一雄訳『わかりあえない理由』講談社、1992年）
- Cheryl Richardson, *Life Makeovers*, Broadway Books, 2000.（邦訳：シェリル・リチャードソン著、山田聡子訳『しあわせ練習帳』きこ書房、2004年）

[著者]
リサ・ジョンソン (Lisa Johnson)
リーチウィメン共同創設者。スポーツ用品、金融サービス、女性の健康分野を中心に活躍する定評あるマーケター。アメリカ経営者協会の女性向けマーケティング講座を開発したほか、講演会スピーカーや会議司会者としても人気を博する。

アンドレア・ラーニド (Andrea Learned)
リーチウィメン共同創設者。マーケティングおよびPRに携わる。マーケティング・プロフス・ドットコム、リーチウィメンの電子ニュースレター「リーチング・ウィメン」をはじめ、さまざまなオンライン刊行物に女性市場に関する記事を執筆。

リーチウィメン:女性消費者行動を専門とするコンサルティング会社
http://www.reachwomen.com

[訳者]
飯岡美紀 (いいおか・みき)
翻訳家。神戸大学文学部卒。通信会社、広告マーケティングの仕事を経て渡米。ノースカロライナ州ダーラム市に2年間在住。帰国後『ニューズウィーク日本版』『ナショナルジオグラフィック日本版』『DIAMOND ハーバード・ビジネス・レビュー』などの雑誌翻訳に携わる。訳書『たった今から、ハッピーになる!』(ダイヤモンド社)、『花のもつ癒しの魅力』(産調出版)など。

女性に選ばれるマーケティングの法則
消費の「真の決定者」を動かす3つのアプローチ

2005年7月7日　第1刷発行

著　者——リサ・ジョンソン/アンドレア・ラーニド
訳　者——飯岡美紀
発行所——ダイヤモンド社
〒150-8409　東京都渋谷区神宮前6-12-17
http://www.diamond.co.jp/
電話/03·5778·7232(編集)　03·5778·7240(販売)
装丁——竹内雄二
製作進行——ダイヤモンド・グラフィック社
印刷——堀内印刷所(本文)・新藤(カバー)
製本——本間製本
編集担当——前澤ひろみ

ISBN 4-478-50239-0